新唐書

四部備要

史部

上海中華書局據武英殿本校刊

桐鄉 陸費逵 總勘
杭縣 高時顯 吳汝霖 輯校
杭縣 丁輔之 監造

唐書卷七十上

宋　翰　林　學　士　歐　陽　修　撰

表第十上

宗室世系表

昔者周有天下封國七十而同姓居五十三焉後世不以爲私也蓋所以隆本支崇屏衛雖其弊也以侵凌王室有末大之患然亦崇獎扶持猶四百餘年而後亡蓋其德與力皆不足矣而其勢或然也至漢鑒秦務廣宗室世其國地不幸世絕若罪除輒復續以存其祭祀與爲長久之計故自三代以來獨漢爲長世唐有天下三百年子孫蕃衍可謂盛矣其初皆有封爵至其世遠親盡則各隨其人賢愚遂與異姓之臣雜而仕宦至或流落於民間甚可歎也然其疏戚遠近源流所來可以考見作宗室世系表

李氏出自嬴姓帝顓頊高陽氏生大業大業生女華女華生臯陶字庭堅爲堯大理生益益生恩成歷虞夏商世爲大理以官命族爲理氏至紂之時理徵字

德靈爲冀隸中吳伯以直道不容於紂得罪而死其妻陳國契和氏與子利貞逃難於伊侯之墟食木子得全遂改理爲李氏利貞亦娶契和氏女生昌祖爲陳大夫家于苦縣生彤德彤德曾孫碩宗周康王賜采邑於苦縣五世孫乾字元杲爲周上御史大夫娶益壽氏女嬰敷生耳字伯陽一字聃周平王時爲太史其後有李宗字尊祖魏封於段爲干木大夫生同爲趙大將軍生兌爲趙相生躋趙陽安君二子曰雲曰恪恪生洪字道弘秦太子太傅生興族字育神一名汪秦將軍生曇字貴遠趙柏人侯入秦爲御史大夫葬柏人西生四子崇辨昭璣崇爲隴西房璣爲趙郡房崇字伯祐隴西守南鄭公生二子長曰平燕次曰瑤字內德南郡守狄道侯生信字有成大將軍隴西侯生超一名伉字仁高漢大將軍漁陽太守生二子長曰元曠侍中次曰仲翔河東太守征西將軍討叛羌于素昌戰沒贈太尉葬隴西狄道東川因家焉生伯考隴西河東二郡太守生尚成紀令因居成紀弟向范陽房始祖也尚生廣前將軍二子長曰當戶生陵字少卿騎都尉次曰敢字幼卿郎中令關內侯生禹字子通弟忠頓丘房

始祖也禹生丞公字丞公河南太守生先字敬宗蜀郡北平太守生長宗字伯禮漁陽丞生君況字叔千一字子期博士議郎太中大夫生本字上明郎中侍御史生次公字仲居巴郡太守西夷校尉弟恬渤海房始祖也次公生軌字文逸魏臨淮太守司農卿弟潛申公房始祖也軌生隆字彥緒長安令積弩將軍生艾字世績晉驍騎將軍魏郡太守生雍字儁熙濟北東莞二郡太守生二子長曰倫丹楊房始祖也次曰柔字德遠北地太守雍孫蓋安邑房始祖也柔生弇字季子前涼張駿天水太守武衛將軍安西亭侯生昶字仲堅涼太子侍講生暠字玄盛西涼武昭王興聖皇帝十子譚歆讓愔恂翻豫宏眺亮愔鎮遠將軍房始祖也其曾孫系平涼房始祖也翻孫三人曰丞姑臧房始祖也曰茂燉煌房始祖也曰沖僕射房始祖也曾孫曰成禮絳郡房始祖也豫玄孫曰剛武陵房始祖也歆字士業西涼後主八子勗紹重耳弘之崇明崇產崇庸崇祐重耳字景順以國亡奔宋爲汝南太守後魏克豫州以地歸之拜恆農太守復爲宋將薛安都所陷後魏安南將軍豫州刺史生獻祖宣皇帝熙字孟良後魏金

門鎮將生懿祖光皇帝諱天賜字德真三子長曰起頭長安侯生達摩後周羽林監太子洗馬長安縣伯其後無聞次曰太祖次乞豆定州刺史房

後魏定州刺史乞豆					
開化郡公後周秦河渭三州刺史貞	襄公後周申衛二州刺史慧				郁國公泠
	濟南鼎公隆州刺史士都				乂羅
	尚輦直長上善	西平王普定	北平公世武		
		嗣楚王靈夔出繼智雲			
	右衛將軍自由 延之	嗣楚公右羽林 右威衛將軍承 將軍福況	濟	益府長史濬 麟相登封 肅宗令全	

滿才

從

大理少卿直方

君房

太祖景皇帝虎字文彬後周柱國大將軍唐國襄公八子長曰延伯生於山東其後太祖入關延伯仕北齊爲散騎常侍武德四年追封南陽伯附屬籍貞觀初罷之與姑臧絳郡武陽公三房號四公子房至開元二十三年復附屬籍

南陽公房

南陽公延伯

隋廣平太守昭貴

周南陽太守昭仲

祕書丞元璋

司駕員外郎朏

監察御史晞

譙王房

譙王真字長宣

竟陵郡王道素以雍王第五男子繼韶

蔡王房

蔡王岡同朔州總管相燕恆三州刺史襄武縣公

西平懷王安字玄德隋右領軍大將軍趙郡懷公

平原王瓊

平原王崇嗣冀貝丹三州刺史宗正卿謚曰懿

太常卿蔡國公法祥

嗣衛王保定出繼玄霸

霍山王璡

霍山公洪嗣以漢陽郡王瓌子繼武謚曰

襄武郡王琛字惟寶一字道恭

襄公儉

裔孫太常卿居士

河間元王孝恭					
蒲同絳陝幽夏六州刺史益州長史譙國公崇義					
襲譙國公河西令尚丘					
雙流令昭		襲譙國公太子舍人冰	宋王府司功參軍皎	婺州長史浣	
錫	士衡初名銳	軫	輪	宗正丞士詹初名寬	
				昷	𥁕

巒
嵒
和州刺史士英初名容
岌
崟
永康令士先初名宏
岑
越州參軍嶷
河南府法曹士淹初名宰
然
保淋
漢和
保榮

										崗	徽
太子通事舍人保真									保昇		
知朴	可信		先遠初名可集	玄都	可誠	可立	小都	小休			
左金吾引駕押衙厚		小老									

幽府錄事參軍介	西河丞士恭初名宷								
岸	玉								
	疆							溫州文學奉禮郎文經	
	文春					文芳			
	左武衛兵曹參軍擕					播	拒	樂	讓
	弘丕	弘侍	弘惠	弘球	弘抱		弘晟	仲瑄	初遠

											岐王府參軍璦	復州刺史惆
												遇
			文絢						文明			
省	變	統	道超	道遷	道逾		道延	道端	友			
					瓌	珵			琮	鈃		

迴

邁

迪

尚範

浩

楊府戶曹參軍可道

翼城令汪

平

茸

聳

覃

宰

少府監右衞郎將貶夏州司馬繆

諸暨令罕

永新令雙	宋州長史兼			永王府參軍重	吳興郡司功參軍衆					
	少戢	少益	少雅		少誠			綏山令總	福州戶曹參軍暹	庶
						少諫	永嘉監官諧			

		尙旦			尙古	延州刺史尙賓		
司勳員外郎延坊邠三州刺史貶密州司馬濯		仙鶴	仙童	仙芝	濮陽太守頵	相如	簡如	
幷	渾				將作監士則		雅信二州刺史岑	
							少府監鍨	
							太子詹事右散騎常侍休古	
							正平令復元	太子司議郎茂元
								宗正丞郁

									秋官尚書崇晦
									嗣吳王榮
								況	
								自勵	
宗正少卿通元				大理司直道元		黃金令光元	大理丞湖陽令正元	大理丞師全	
五嶺租庸判官蒙州刺史漳	開封令守一	潁州錄事參軍郢	滎澤尉封	郾城主簿鄲	南頓尉郊	陪位出身鄴	陪位出身郜	陪位出身邠	
胙尉途	長垣主簿璵	陪位出身瓘	陪位出身瑊						

	岐州刺史崇真									
濟北郡王瑊	都水使者右金吾衛大將軍倹	植	愿	右金吾衛大將軍方叔	莆田令丹	崇	承誨	士元	璝
						舜卿	仁景	甫	琚
								正白	玢
									昇
									昂
									平
									勉
									希
								欣	宗道
									宗揚
									宗元

									巖			
									仁詡			
					款	歆			正輔		正朴	宣
宗善	宗閔	宗亮	宗魯	宗巖	宗禮	宗古	宗回	宗何	晁	暈		

襲濟北郡公梓州刺史崇敬					
襲濟北郡公太子中允孚					
襲濟北郡公須江令越客					
太子家令炎		隴西郡公青衢慈邢汝五州刺史永王傅津客			
	襲濟北郡公衢黃二州刺史兼防禦使興平軍節度使御史中丞奐	倉部員外郎憺			
		襲濟北郡公北海令鈒			
		沂水令循			
		青州司法參軍爰			
		坊州錄事參軍各	黃令慶		陪位出身沐
		陪位出身遜	陪位出身勍	陪位出身童	

												陪位出身全
陪位出身洞	陪位出身洪	陪位出身弘	陪位出身汶	博興令元保	陪位出身蒙	元立						陪位出身鈞
				陪位出身經		陪位出身應	陪位出身綜	陪位出身周	陪位出身換	陪位出身方	陪位出身顯	

千乘令敦禮
陪位出身邵

陪位出身鄰
陪位出身榮

吏部郎中直
密州錄事參軍讓
大理評事瑜
中州錄事參軍晦

祕

光州司法參軍造
登州參軍與

普州文學參軍頊

安州司馬勤
徐州錄事參軍朗

邵州長史前司農卿紹
御史中丞元亮

大理司直兼監察御史元道	盩厔尉元規	右金吾兵曹參軍元會	江陵府參軍元簡	太原府參軍元舉	太子文學元明		
					太子賓客容		
					詹事府丞涪	郟城令湘	孟州錄事參軍澤
					陪位出身承遠		承邁

			漢陽王瓌				濟南王哲隋工部尚書黃臺縣男	
			兗州長史沖寂	各官尚書沖玄		尚方監沖虛	順陽公瑋	盧江王瑗
							襲濟南公思敬	
			隋州刺史銳	祠部員外郎恆	中部郡太守惇			
		河南功曹參軍倫						
		翼城令巨濟						
元衡	元輔	梓州司士參軍綸						
		通義令孟						
		襄陵主簿瓌						

畢王房

畢王璋周汴梁二州刺史

永安壯王孝基

嗣王道立以雍王繪男韶次子高平公繼

蔡國公景悞

畢國公景淑

太子左贊善大夫孟康

楚州刺史仲康

衢州司士參軍濤

越州士曹參軍居介

南陵尉居左

譙尉居敬

居易

睢陽郡太守少康

右僕射涵

鮪

							雍王房	雍王隋江夏總管繪
						子		長平王贄
						孫		淮陽王道玄
					子	曾孫		
				宗正少卿少連	孫	五世		
		汙	濃		曾孫	六世		
鯤	鰨				五世	七世		
					六世	八世		
					殿中侍御史師素	九世		
						十世		
						永和令知保		

	東平王韶								
淮陽王道明									
	景融								
	務該								
	思一								
	晉原尉岌								
	陝府左司馬邢								
	澄城主簿邠	鹿城令澈	芮城尉放	宗正少卿漢字南紀		漎字經野	洸字正武	潘字子及	
				朓	膽			炬字則中	炯字著明

江夏王盧國公道宗字承範				廣寧公道興	博陵郡公道弼	
相州刺史景恂	子		潞城令景仁字楚子		御史中丞知柔	刑部郎中知止
	孫					
	曾孫洒	宗正少卿況				
	戶部員外郎宗					

郇王房

郇王禕陳留太守長平郡公	
武陵郡王伯良	

長平肅王叔良									
郇國公孝協									
思慎	思言	思泰	思本	思莊	夔州司功參軍思正			婺州刺史襲郇國公思忠	
					蘭陵丞令望			宣州士曹參軍建成	
					璨	衆	倫	泗水令峻崿	
								奉先令如仙	
								綿州刺史駢	
								成都少尹寓	阿端

				回初名躔相武宗		
祁王傅知隱		南鄭令知章	京兆少尹知義	滑州觀察巡官知柔	興平尉塤字濬元	山南東道節度掌書記鈞字禮符
度支漁陽監事銳	邠州司法參軍臻	潛				江陵令少微

						海州司倉參軍進成		文水令遂成		太子僕超成
	清江	萬倩	高巖	澄潭	芳苑	囧	固	曹州士曹參軍明真	宜春令玄真	許州司馬澄真
								朝仙	文迪	文昌
小鴽										

壽州團練使文通破蔡州有功終遂州刺史								
監察御史穆							權	質
臨濮令鎮					隋縣令去惑死王仙芝贈隋州刺史	阿圭		
祕書少監中庸	太府少卿元							
	濤		仲寶	澣				
	承確	承休	承端	承續				

					華陽郡公原州長史孝斌		
					彭國昭公左武衛大將軍思訓字建		
				高卿	魏州別駕福道	儀王府司馬復道	太原府倉曹直集賢院昭道
業	實	耽	櫝				

揚州參軍思誨

林甫相玄宗

將作監岫

司儲郎中嶨

太常少卿嶼

武功令峯

符寶郎崿

宗正卿弘澤字德潤

汴州參軍仁之

昌圖

虢州參軍損之

常熟尉大雅

林宗字直木

中山郡王仲良

去病以季良子繼

珍倣宋版印

季良					
新興郡王德良	西陽郡公仁裕	新興郡公戶部尚書晉	宗正卿濟	左金吾衛大將軍通	
				左金吾衛大將軍翰	
		張掖郡公水部郎中欽			
	蓼國公仁敬				
	都水使者仁方	處淨			
長樂郡王幼良	上黨孝公矩				

大鄭王房

鄭孝王亮隋趙興太守長社郡公	淮南靖王神通	膠東郡公道彥	
			辰錦觀察使昌岠

荊南節度使檢校工部尚書昌巙

高密郡公孝睿

淄州郡公孝同

左衛將軍曖

劍州長史廣業

戶部尚書國貞字南華

錡

師回

蘄州刺史鎰

鄠令豐士

長安尉豐器

			右金吾將軍若冰	京兆尹銛
	徐州刺史璩			
廣平郡公孝慈				
河間郡公孝本				
尚書左丞孝友	工部尚書珍			
清河郡公靈州都督孝節	汝州刺史頊			
	幽州都督琬			
	鄭州刺史瑜	光祿卿昇	遘	
		武都郡公吏部尚書屬	起居舍人造	

太僕卿暈

太子少傅鄭國公遵

太常少卿謂字伯英

誦

諲

諤

御史中丞東畿採訪使遇

河東節度使説字巖甫

太子通事舍人公敏

靈鹽朔方節度使公度

公輔

千牛備身公佐

公宥

		膠西郡襄公南泗州刺公司農州司馬史孟彝卿孝義瓛字公悅		
絳州刺史祕書監勛	兵部侍郎進	金州刺史權	清漳尉衡	檢校虞部員外郎兼侍御史樞
真宰	江西觀察使少和			

歙州別駕軫	渭南令房									宗正卿太子賓客隴西縣子翼字則之
	萬鈞	千鈞						仁鈞		大理評事艮鈞
	磵字耀山	磁字景山	蟾初名礵	蚡字漢山	蠙字懿川			硎字次山	礎	
				廷璧字冠祥	昭裔字延海	昭業字廷章	昭圖字延譽			

		鹽州刺史孝銳				
淮安忠公宗正卿琇字琇		弘農太守璟				
陝王府戶曹參軍濟晏		刑部尚書齊物				
	司農少卿條字堅	鄭滑節度使檢校右僕射復				
	昌				執鈞	陸渾尉正鈞
			一子出身直鈞			

					襄邑恭王神符		
				梁郡公給事中孝逸	廣宗郡公仁鑒	臨川郡公刑部尚書德懋	
						左衛將軍思齊	
少府監濟克	文部侍郎暐	刑部侍郎曄	符寶郎玗		中書舍人猷	鄜城令知賢	
	御史中丞汶					司農卿謚曰敬模	
						太子賓客守散騎常侍詞	將作監話
						吏部郎中顯鈞	

明州刺史諝						
左諫議大夫從規	懷州刺史從矩	檢校刑部郎中從穀字仁卿	興元節度使檢校工部尚書從晦字含章			
		竦字特卿	國子監主簿伸	司農寺主簿倣	擢字大用	成都府參軍拙

招

尚書右丞擇字仁表

太常卿從乂

右拾遺濬沖

檢校戶部員外郎濬源

太子左庶子濬甫

左諫議大夫敬愉

試協律郎仁嶠

弘文館校書郎仁峻

惟邈

大理司直敬悅

昌忠

							福建觀察使誨
		太子左贊善大夫從師	江陵少尹從吉	太子左庶子從方	宗正少卿從貞	咸陽縣尉史館修撰從實	
攝泉州衙推昌岳	昌嶼						
惟植	梨						

魏國公幽州大總管文暕							廣川郡公義範
宗正卿詮							靈州刺史襲廣川郡公暹
							成紀尋陽令朝丞儀
	常州刺史翦						湖南觀察使檢校右散騎常侍叢
					湖州錄事參軍真		伊陽丞艮史
		文			濟州尉弘乂字大能	國子廣文春秋博士彬	
		徽	胤	乾	虬		

挺						
太僕卿柏字康幹						
鶴		鴒	太子少師鷸			
長水南陵令台令靡			禮部尚書太子賓客分司東都恬			
	湖南觀察使兼御史大夫庾字子虔		湖南團練副使檢校工部員外郎宗師			
	衡州刺史延澤		祕書省祕書郎瑄	璋州刺史環		
				仁魯		
				鐸	錫	叶

準
用霖

華州文學仁穎

嘉州刺史宗長

中牟令宗規

鶨

鴒

鴋

鶚

滁州刺史鷸

池州刺史倨

程字表臣相敬宗

武寧軍節度使檢校工部尚書廓

濟

昌符字巖夢

					殿中丞襲魏國公捷		
					虢州刺史堅		
					盛唐令鵬		
					石字中玉相文宗		太子太傅同平章事福字能之
	華陽令庇	太子中允慶	秘書省秘書郎庠	太子通事舍人廡		贛	太常卿就
萬年尉直使館書字貞耀							汴州法曹參軍彥保
							正字佩

					懷州刺史鞏	
扶	駕部郎中玩字成璉	監察御史蹐	監察御史航字殷用	涪	膳部郎中勍字德勝	太府卿榮
		昌素				太常博士宗正寺修撰頡字昭升
				璩		給事中元龜字從吉

文舉

安平公國子祭酒仲思

宗正少卿言思

兵部郎中華

代祖元皇帝諱昺周安州總管柱國大將軍唐國仁公四子長曰高祖次曰梁王澄次曰蜀王湛次曰漢王洪

梁王房

梁王澄

彭城王士衍

淄州刺史陳國公玄同以隴西王博乂第五子繼

并州司馬玄弁

江東郡王世譔

衡山郡王世訓

宗正卿隴西恭王博乂以蜀王第二子繼

蒲州潼水府折衝陳留郡公懷仁

師益

元蜞

天益

道益

常州司馬普昌縣男懷節

元益

璬

班

倩

溫州刺史將國公懷讓

貞

質

璩

瑗

瑾

京兆尹慎名

司門員外郎自下

慎終

蜀王房後爲渤海王房

蜀王湛

襄城王容兒

懷真以隴西王博乂第三子繼

左衛大將軍渤海敬王奉慈									
眉州刺史義節									
瀛州司馬如珪									
益州戶曹參軍匀									
慶王府典庫牧	贊善大夫參								
江陵尉兗	華原丞桐		福建觀察使棆				長水令直	京兆府戶曹參軍齊	同州參軍知海陵監允
	大理評事元	左羽林錄事參軍方	信州刺史充						
			承構	南陽令承緒	六局丞承規	櫻山尉承祚			

	黔州刺史樟	玄		
		亮		
	梓州刺史季貞初名栝	頙		
		商		
宗正丞逢	溫江令杞	京		
		交	遷	
			唐興令蜀	繼
				臨邛尉署
				前宗正寺明經鯨
				陪位出身武

					陪位出身寔
				長	
				及	
唐州刺史隴西縣男如玉	袁州別駕冬日	常州別駕槮	朝晟		
			朝式		
		岐陽令禪			
		徐州司馬淩			
		南陵令湍	洵		
			濛		
			涓		
	都水使者夏日	涇陽令標	江陵府士曹參軍朝相		

						襄丘令朝盈		
						寧州參軍朝撓		
					商州別駕楞	河中府戶曹參軍朝師	授	
							溶	
							元樞	
							洌	
								微
						杭州參軍朝英		
						朝野		
						猗氏令朝用		
						朝汶		
						朝衡		

		徐泗節度判官楓									
徽	徹	揚州法曹參軍朝宗							義方	穰尉朝諫	朝清
		亳州參軍佖	寧化尉厚			陽翟令何					
		吏部常選貞伯	洪州參軍求中	芮城尉惠伯	申伯	豐城丞景伯	吏部常選侶	鄧尉宣伯			

												冀州別駕守一
									太子通事舍人坊州司法參軍	春日		勉均
							橦	虞卿丞樅		檡	棹	左府率江陵府長史國功曹參
休甫	朝興	吉羅	安悉	竹箭	朝威	膠初名朝良						

寧

軍系

襄州司兵參軍國平

京兆府法曹參軍國榮

黔中觀察使國清

東陽令季方

弘周

安州刺史韶

渭南尉有方

成都府司錄參軍國英

越州司錄參軍勵均

漣水令岑

		良原令助均	左驍衛長史勸均	無錫令封均					
岌	巖	左金吾衛大將軍兼鴻臚卿祠徒		鳳州刺史儔伯					
		左監門衛率府兵曹參軍維城		新津令稱				稽	臨汝尉穗
		承宗		渠江令言思	七盤令言巾	陪位出身言約	東漢		
				知遠					

陽陵令稹

汧源令稠

玄武主簿秬

延州別駕振
浙西長史嗣金
壽州長史樛

盈川令杠
補陽尉釐
平盧節度判官戡字定臣
審之

順陽丞標

涇陽尉招
江陵錄事參軍纂
祐

建

欽

				左金吾衛大將軍趙州刺史嗣璘		
				諸暨尉椽	南陽令操	濟王府戶曹參軍楟初名樟
猗氏令管			鄖州刺史宗正少卿篆			襄陽令繼祖
隴州錄事參軍作	昭應令信		管城尉某			
吏部常選景之	臨濟令建度					
	中牟尉晊	靈昌尉玄謀				

枸

檈

左率府郎將嗣琳

司議郎相

栝

札

都官郎中嗣瓌

宗正卿拭初名權

宗正卿仍叔字周美初名章甫

檢校水部員外郎兼嶺南節度副使焜

潤州參軍暉

襄州支使絢字繪老初名弘本

鄂尉弘文

		遂州司馬知本					
		汾州長史守愼					
		青州司倉參軍昇子房	延州司馬友諒				
	楣		惠陵臺令晃				
			潞府士曹參軍審				
四會令弘略			偃師尉江		涇王府功曹參軍從	鄜州錄事參軍蒼梧	
主客郎中讓			太牟令思文	靈贊主簿思永		洛水主簿弘慶	洛交主簿弘度
延興初名廷玉							

								白馬令乃武			
						察					
						閬中主簿弘恕初名楚聞					
						三泉令寧	難江主簿緒				
							吏部常選績				
							褒城尉綢	琠			
						隋州錄事參軍隋城令寂	經				
							沔陽尉絢	禎顒			
							吏部常選紹				
					徐州司戶參軍昂						

金華丞昕		密令暵					濡水令暐	
垣尉渾		王城主簿公瑾	公贊	陽翟尉公度	汴州司倉參軍察初名公器	公選	宋州參軍公倍	安州倉曹衡州錄事參軍公約
炫	烔				猱			元江令克勤
								蘊中

蘊達

饒州錄事參軍傷

鄷都主簿確

雲夢令克讓

導

克章

左金吾倉曹參軍昉

穀城令從簡

蒲圻丞必聞

南陽尉貴

從神

金

澧州司倉參軍公立

蔡州司戶參軍友貞
定陵令旻
恆王府參軍寔
晉陽丞寬
烏程令寵
宏
容
雍丘丞昱
寂
宇
宙
代州都督景城縣男行褒
守忠

餘福			
國子祭酒隴西郡王餘慶	壽王府司馬僊舟	滄州司戶參軍元暹	益州司戶參軍日休
			華陽尉日就
		睦州長史兼家令琬	太子典膳郎闈
			新津令闓
		金城令璹	乾元丞日用
			翼城丞日成
			永王府參軍日知
			昭州刺史日敷
		晉州參軍璘	日正

					岐王府功曹參軍元遂	右領軍長史元逞			
嘉王府長史瓚				成都司戶參軍璥		青鄉令可瞻			黃州司馬可聞
汧源尉暹	華陽令暄		江陽令晤	支輔以荊國公玢子繼		潤州司戶參軍信	吏部常選修	楊子丞像	
	況	成都丞淮	潤州別駕潔						
			綿州參軍同節						

	圓滿				渠州司馬寶績			尚輦奉御明遠		殿中丞明哲
	崇禮	崇蘗			洛	普州司功參軍常光		睦州刺史無言	無忝	
國子監丞可器		懷州參軍儀		脩		可襲	可獻		漢部郎中霸	
		易從	敬從							

	嗣沈黎侯長沙出繼元景
	嗣荆王遜
漢王洪	巴陵郡王盤陁

唐書卷七十上

唐書卷七十上考證

宗室世系表上大業生女華○臣酉按史記秦本紀大業取少典之子曰女華女華生大費則女華乃大業之妻可以爲子乎

女華生皐陶○臣酉按史記女華生大費注正義曰大業是皐陶大費是伯益則大業皐陶本是一人大費爲伯益正是皐陶子今以皐陶爲大業之孫可乎且據新書宰相世系表裴氏下云女華生大費大費生皐陶則皐陶又爲伯益之子矣其自相矛盾如此

其後有李宗字尊祖魏封于段爲干木大夫○沈炳震曰北史序傳子孫散在諸國在魏者爲段干大夫段干木其後也據此則段干爲姓而木乃名表則李宗封于段而干木乃大夫爵名也

唐書卷七十上考證

	汝山公蓁		
韓王房建中元年詔改爲嗣鄆王房懿宗即位復舊			
韓王元嘉	潁川郡公訓		
	武陵郡公誼	楚國公野	
	黃國公譔		
	上黨郡公諶		
	嗣韓王太僕卿訥	嗣王叔璩	嗣鄆王煒

彭王房

彭思王元則	絢以霍王元軌第五子繼		志謙		
			嗣王左千牛衛將軍志暕		

小鄭王房稱惠鄭王房

鄭惠王元懿	嗣王遂州刺史璥	嗣王太子詹事希言			
		贈左僕射察言	太僕少卿楚州別駕自遷	夷簡字易之相憲宗	匡文
				夷亮	
				夷則	
				夷範	

唐書卷七十下

宋 翰 林 學 士 歐 陽 修 撰

表第十下

宗室世系表

高祖神堯大聖大光孝皇帝二十二子分十五房曰楚王智雲曰荊王元景曰徐王元禮曰韓王元嘉曰彭王元則曰鄭王元懿曰霍王元軌曰虢王鳳曰道王元慶曰鄧王元裕曰舒王元名曰魯王靈夔曰江王元祥曰密王元曉曰滕王元嬰智雲元景皆無後

徐王房

徐康王元禮	淮南王茂	嗣王宗正員外郎璀 嗣王餘杭郡司馬延年 嗣王施州刺史諷
	淮南公蕃	

汶山公蓁

韓王房建中元年詔改爲嗣鄆王房懿宗卽位復舊

韓王元嘉
潁川郡公訓

武陵郡公誼
楚國公野

黃國公譔

上黨郡公諶

嗣韓王太僕卿訥
嗣王叔璩
嗣鄆王煒

彭王房

彭思王元則	絢以霍王元軌第五子繼		志謙		
			嗣王左千牛衛將軍志暕		

小鄭王房稱惠鄭王房

鄭惠王元懿	嗣王遂州刺史璜	嗣王太子詹事希言			
		贈左僕射察言	太僕少卿楚州別駕自僊	夷簡字易之相憲宗	匡文
				夷亮	
				夷則	
				夷範	

陳留郡公金州刺史虞部郎中嚮							眉州刺史自昌
宗冉					宗閔字損之相文宗		
澹	給事中暘字希仁	深字希尚	韶州刺史泊		琨字希立	桂管觀察使瓚字公錫	
令圖字德遠			鏻	鉊	銳字執聖	欽說字巖卿	
			若愚	承翰			

呂國公	樂安郡公珪	上庸郡公琰	樂陵郡公球	南海郡公瓘	安德郡公琳			
嗣公玄言以南海公瓘第三子繼					嗣公岐州刺史擇言以南海公瓘次子繼			
					勉字玄卿相德宗			
					纘	績	緯	兵部員外郎約

新平郡公遂

邵陵郡公珩
左千牛衛將軍德言

霍王房

霍王元軌
江都郡王緒
嗣王志順
嗣王右千牛員外郎軍暉

安定郡王純
邵國公志直以南陽郡公綱長子繼

胙國公綽
冀國公志廉以南昌郡公絢長子繼

	1	2	3	4
	南陽公綱	襄公志悌		
	南昌郡公絢			
	山陽郡公繹			
虢王房				
虢莊王鳳	嗣王翼	嗣王㝢		
	鄅國公顥			
	定襄公宣州刺史宏	嗣虢王祕書監邕	嗣王河南節度使巨	嗣王左金吾大將軍則之

				東莞郡公茂融	中山郡公堯臣	燕郡公舜臣
				濮陽郡王宗正卿徹	襄公宗正卿伯潛	
豳國公昭義軍節度使檢校吏部尚書承昭字承昭					鄭州刺史韜	
循王府長史宗之	太僕寺主簿徵	榆次令應	潤之		密令承晧	

道王房

道孝王元慶					
嗣王誘	東安郡公壽州刺史詢	南康郡公諒	信安郡公詡	廣漢郡公謐	鄱陽郡公諲
	嗣王宗正卿微	嗣公崎			
	嗣王宗正卿鍊				
	嗣王京兆尹實				

敷城郡公誕 | 右千牛將軍岑 | 嗣公雲 | 兵部郎中洞清

魯陽郡公講

修城郡公諫 | 兵部尚書辟彊元慶十一世孫 | 鴻臚卿紹封 | 仁濟 | 匡遠字聖父

允濟 | 在愚字韜業

鄧王房

鄧康王元裕 | 嗣王炅以江王第五子繼

舒王房建中元年改爲嗣鄧王房

舒王元名	豫章王亶	嗣王左威衛將軍津		嗣王嗇	嗣王藻
	鄎國公昭				
魯王房寶應元年改爲嗣鄒王房					
魯王靈夔	清河郡王誂				
	范陽郡王左散騎常侍藹	嗣王宗正卿道堅	嗣鄒王太僕卿字	萃	
		蔡國公道欽			
		戴國公宗正卿道邃			

江王房

江安王元祥	永嘉郡王晫										
	武陽郡王復州刺史皎	藂	贈秘書監萬康	隴西郡公左領軍衛大將軍太常卿楚珪	洪州都督長史尚殷	暖	承光	珦	崇		
									忠		
									賢		
									孝		
								濟			
						環					
						僎	愈	最	兒	團	滈
										冬	

										奉天定難功臣左武衛將軍龜
							尚炅	左驍衛翊府左郎將尚盈	尚達	左翊府中郎將尚春
								太原府折衝都尉日進	闌	善訓府左果毅都尉懷順
				繼	祚					禮
					呈			大云		
	勳	須	崇		琀					
智	相	庫	元譽		寵	勇				

嵩								
							奉天定難功臣左金吾衛大將軍尚芬	
					右衛絳州新田府折衝都尉希悅		右金吾衛翊府左郎將庭金	
	寧	鞠	瑤	時	翊	詡	引	
				玩	顓	省	調	
				闕	蕤	琚	郁	戀
				邦	慥	岫	陣	卿

賁
坤
滕
認

庭芝
事
珠
鞠
温

高

育
慎

縱

愈
良
仰

壽王傅浙江東道越福十二州招討海賊使蠃唐
桂州長史
紹宗
尚儀

左羽林大將軍試鴻臚卿隴西縣男尚祿
興宗
孝隨
承霏

承霄 因 泗
興昌 謀
律 檢 鼞 玉
銳 鄖 崑 皎 武
約 略 忍
中義 莆田尉翔 逢 郃 演
晦
週 瓀 威 餘
感 護
鳳 藹
憧
錡
璉

試太僕卿尚鋥			右驍衛翊府中郎將尚羲		左驍衛翊府中郎將鼂縱			
全交	全立	全經	思勤	試千牛衛長史思頊	江澄	江清	尚長	丹州長松府折衝都尉尚容
								摽
								續
								彥
								師
								將

任國公昕	義興郡公皓	廣平郡公旻				鉅鹿郡公晃	暹	
		嗣郡王右監門衛大將軍孝先	信王傅繼先	澧國公金吾衛軍繼宗	中郎將繼賢	嗣江王千牛將軍欽		
			鳳翔少尹無詔					
尚榮浩然								

密貞王元曉	南安王穎	嗣王勛	
	亮	嗣王疊	

滕王房

滕王元嬰	薛國公修琦		
	長安公修珌		
	嗣滕王修瑀		
	下邳公修瑤		
	蘭陵公修璩	金山公知禮	
		昌寧公知節	
	臨海公修珍		
	臨淮公修琬		
	修頊		
	修玘		

修琨	
修珽	
修瑑	
修琮	
修瑶	
修珵	
修琈	
修琚	
修琣	嗣滕王嗣王殿 涉本名中監湛 茂宗 然

太宗文武大聖大廣孝皇帝十四子長曰恆山愍王承乾次曰楚王寬出繼次曰吳王恪次曰濮王泰次曰庶人祐附濮王譜次曰蜀王愔次曰蔣王惲次曰越王貞次曰高宗次曰紀王慎次曰江王囂次曰代王簡次曰趙王福次曰曹

王明囂簡福皆附曹王譜

恆山愍王房

恆山愍王承乾

郇國公象

太子詹事珧

宗正卿粹

信州刺史伷

尚書左丞廙

邕管經略使兼御史中丞位

孟輿

仲權

季謀

適之相玄宗

霅

鄂州別駕厥

扶風郡太守昶

旭

醫

吳王房

吳王恪								
成王千里初名仁		朗陵王瑋		淄衛宋鄭梁幽六州刺史贈吳王琨				
太僕少卿天水郡王禧		嗣王祚	廣漢王袨本名褕	信安王禕				
蔡國公灌	右金吾衛將軍郕國公峒			越國公峘	戶部侍郎嶧	峴相肅宗	峽	嵒
						孝孫		

								歸政郡王璄
		畢國公禱	褍	吳嗣王祗			袿	吳國公禕
巒	左千牛衛將軍崗			蘇穎二州刺史岵	峼	嗣王巘		
						嗣王寅		
						復		

濮王房

濮恭王泰	嗣王欣	嗣王嶠初名餘慶	襄陽郡司馬誠初	鴻臚丞倚	自勤

自建
自順
自誠
自愔
誠逸
誠奢
誠憚
誠超
誠平
誠惑
誠疑
永與丞 誠滿 信
何

		蜀悼王愔			蔣王房	蔣王惲				
	新安郡王徽	廣都王璹	江陵郡公瑾	房郢台三州刺史嗣王璠		博陵王煒	嗣蔣王煒			
							銑			
							嗣王紹宗			
侗							濟州司馬欽業	嗣王左千牛衛將軍欽福		
							吏部常選遇	頒	顥	頫
							贊字子匡			

濠州司馬欽鍔 序

廙

蔡國公煜 承業

承嘉

承胤

左武衛將軍蔡國公承祖 鄂州別駕之遠 岳州長史禧 吏部常選驂

吏部常選騎

騄

太子賓客之芳 奉天皇帝廟丞佇 珣

玠

定陵令之芬

同州別駕成紀縣男之蕃	忻王府司馬清河縣男之蘭									
	左清道率府兵曹參軍係	項城令俟								俢
		永城尉駉					澤州參軍紀			
		從質	從師	從古	從人	從衆	從素	從魯	從儉	

				佚
泗水公烔				
五原公逖				
六安公珙	襲公忠王府長史思絢	襲公殿中監恕		
		都水監丞巳		
	珍州司馬承煦	昌庭		
		國芳		
		國幹		
弋陽郡公煥				
建寧公休道	中山王据初名思順	右衛長史齊昌	繁	
		宗正卿齊運字仲達	太常主簿贊初名庠	珂

					九真郡公發	潯陽郡公爽				
						襲公右武衛將軍森初名温				
				齊明		鴻臚寺主簿盈				
	康	庾	典膳丞贇	廉		監察御史裏行乘				
頊						連江令羣	湖城主簿皐			七盤令早
							處儀	處修	處位	處厚

硤石尉平 處約

六合尉常 處仁

玉城尉準 處讓

宗正主簿燚 譙尉聿

臨渙尉畢 嗣宗

茂宗

元宗

紹宗

峯

芊

	橋陵令羨			杭州刺史構					
	萬州刺史元系		餘姚令元隱	太常寺協律郎種	常州司法參軍稅				滁州司馬穰
牟	萬州錄事參軍知止		知則		希	茂玄	茂豪	茂竟	玄一
	博雅	興平丞博文							

									亳州司戶參軍棆		
岳州司馬稜		錢塘丞程			鄖丞積			吏部常選積	湖州參軍稠		
茂頤	渾	茂雍	茂高	茂元	茂文	茂章	茂奇		絳	純	綬

		稱	縉	
			紳	
		裯	綽	
			緯	
	松滋尉樅	元立		
		元直		
安州別駕括	申州刺史班	越州兵曹參軍鼐	吏部常選承慶	寔
				寰
				宬
			吏部常選承榮	寮
				審
			吏部常選承敘	

吏部常選承義

吏部常選承怡

璘同州司馬參軍

節愍廟令繁

盧州司馬揖 嘉興丞顏 續 譯

訊

纁

吏部常選顒 吏部常選纘

紳

義烏丞穎 紘

紵

綱

尚衣奉御滔

安定郡公封

潁川郡伯椿初名承恩

蜀州司兵參軍若愚

太子文學若冰

蘄州刺史若水

太常寺協律郎雄

文力

文方

慶王府兵曹參軍若舊

義烏主簿廣

維寧

維城

維平

維清

廣州司馬若思

某王府參軍卓

仁忠

							咸寧郡公珪	潁川郡公璋
				成王府參軍若虛		延王府參軍若彥		
			慶王府參軍準	吏部常選摽				
仁志	仁愿	仁恕		角	房			

	汝南郡公譽	
	同安郡公游素	
	真安郡公游藝	
越王房		
越敬王貞	琅邪王沖	汲
	洽	
	沈國公温	

	常山公清				
	臨淮公珍子			晉州參軍銳	嗣越王存紹
	規				

紀王房

紀王慎	東平郡王續	徐國公行淹	兗州錄事參軍毅		季隼
					王屋主簿季和
					武陟尉沔
					修武尉汀
					讓
				項城令平仲	

									襄陽郡王琮
									行遠
				泗州長史騭					
商州錄事參軍方叔	鄧州參軍成季	穀熟尉幼直			溤	弁	弇	羿	
		王屋主簿少和	準	行餘					
		仁軌							

行芳	鄧國公汝州刺史行休					
	寧州刺史虢				曹州別駕虢	
	大理丞較	新平令輨	西河令軺		成都府士曹參軍輹	右率府兵曹參軍轄
			高平令季真	遂平令君儒		

				吏部常選輪		
			狄道縣男宗正少卿晛	猗氏丞軿		
				陝令輯		
				漳州刺史軻		
				左率府兵曹參軍較		
				虞鄉尉轅	黃	
					宗儒	
					劍南效職章	
					瓘	
				江陽令轤	宗儀	與子

阿神

太原府司錄參軍原

陽翟令宗本

譙尉應

阿師

諸暨尉李五

樂安縣公衡州別駕遜

丹陽郡公宋州刺史庄

襄公汴州節度使行褘

均州刺史湑

陝州兵曹參軍審

文舉

			永樂令寂	扶風令宙	潞州錄事參軍宁		
晉州參軍榮子		同州司馬文通	敦敘	廬州司倉參軍老	朗山令文貞	蒲圻令文亮	安吉主簿文約
譙丞衛以姊壻崔獻諫子繼	萬泉令立言	元立	元度				阿蕩

汾州司戶參軍亭	撫州別駕艮										
	長社令寮	岷山令寀									當塗令寘
		吏部常選湛	餘姚令悰	富陽令某		江夏令恤		武昌尉惟			
		觀主	少矜	雷澤令少微		餘姚主簿少真	舒州參軍崟	廣興主簿少康	台州押衙少毅	少贊	
				阿叔	阿老						

				盩厔令汴			綿蜀等州刺史衡		襄丹陽公桂府都督良
亳州司兵參軍悅 豐			烏程尉寔	黃巖令爽			犀浦尉晟		
	博昌尉愜	魚臺主簿悚	永新令悖	常州司兵參軍悛	鄮尉文質	餘姚尉讓	巂州刺史重	垂	
			阿巖						

楚國公江王友叡	襄陽郡公博州別駕秀	廣州別駕梁王友獻	建平郡公趙王府司馬欽	隴西郡公都官郎中曠		
				淄州刺史行淳	荊南楊子兩稅使判官詢	
				安邑尉調	吉州文學公度	容府經略推官慶之
						鐇

				鐵	
		常州司兵參軍元輔	顓		
			頊		
			頔		
			頏		
		吏部常選元弼	顒		
			願		
			頠		
		復州刺史行肅	美原尉某		
			武德令謨		

襲隴西郡公宣歙觀察使行穆		金州刺史行正				譙郡司戶參軍行謙
義烏令詞		泗州司馬謠	華州司功參軍記	衢南尉迪	寧陵尉迥	鄂州司馬諸
太常寺奉禮郎元裕						吏部常選德宣
左押衙當塗鎮遏使兼知縣事檢校右僕射廷彥						
南陵鎮縣事檢校刑部尚書用休						
宣州衙前虞候法師	左軍衙前總管三奇					

	嗣紀王定州刺史澄初名鐵誠	嗣王信王府長史行同	
		嗣紀王光祿少卿行周	
		端王府司馬行用	
		襄王府司馬行冏	
		嘉州刺史行岡	廣都令翊
			嗣紀王資州司馬建
			德陽尉球

綿州錄事參軍翊

曹王房

趙王福

贈建平王胤

嗣趙王穆

嗣王思順以蔣王惲孫繼

信都郡公澤

邯鄲公恭

曹恭王明

零陵王俊

黎國公傑						价	嗣曹王衛尉少卿同正員脩	左武衛大將軍偲
嗣曹王胤						濟國公瑧		昌
嗣王右衛率府中郎將戢								訓
嗣成王江南東道節度使戶部尚書皐字子蘭								挺
右金吾衛將軍道古				安南都護象古	復古			宗
紘	綽	紹	綰					長江令瑜
								睢
								載椿
								宣
								丕
								瑛

汶 遊奕使亞夫
玘
璋
琛
壽椿寘 墉
瓚 言
穩
高
金
玩 霸
敬怡
寔 伯昫 可周
可壐

				可同
				可朋
昵	晟	進玉	塘	晃
				承義
				晏
				承禮
				晃
			嶕	
			晤	
	晟	玗	璿	周
			珍	景信
				忠信
				宥信

正信

懷信

翊 遠 神睿

達

戣 巖

崇 逢

嵩 元順

元頡

崧 承祐

訾

居靜

耑 歸漢

暕 承光 叔殷 諷 延珠

	懷謙	權
		樞
叔毅	匡緒	孺臣
	匡繹	
	匡友	延族
		延實
	匡業	延誨
	匡賓	礭
		紹
		蘊
叔微	藜	行昭
	匡遠	
	椽	行偉

叔徽球
曙 璜
玽
播 恪 珪
悅
惶
璹 從道
玹 玟 慓 式
映
晴 賽 玎 饒 太祁
太郃
餕 太鄂
玕 太郎

高宗天皇大聖大弘孝皇帝八子

		太邵
		太郁
	餉	太鄗
強		
琉	餘	太靜
		太鄴
	味言	
	味餘	太郎
		太邢
		太鄽
珸	銅	
瓘	鎌	

燕王房

燕王忠

澤王房

澤王 長平王

上金 義瑜

義璡

義琛

義珍

義現

義瑋

義玫

義珪

嗣信王 嗣王守 光祿卿嗣王瀏

義珣 瀍

許王房

許王素節	琪		
	瑛		
	玥		
	琬		
	瓚		
	瑒		
	瑗		
	琛		
	唐臣		
	中山郡王琳	靈昌太守夔國公璡	庫部員外郎俠

	嗣許王秘書監璀	嗣王宗正少卿解	嗣王殿中監昭
	嗣澤王璆	鄄國公梓州刺史謙	
		汝南公兵部郎中巽	
		益	
	巴國公欽古	襲公賁	

太邠章懷太子房

章懷太子賢	義豐王光順	

	邠王守禮		
		廣武王承宏	
		秘書少監承寯	
		嗣邠王承寧	嗣王謌
		燉煌王承寀	
		儀王司馬承宥	
		梁王諮議參軍承寰	
		梁王諮議參軍承寔	
		豐王友承害	
		豐王友承實	

信王諮議參軍承賨

信王諮議參軍承宧

延王友承寏

延王友承容

榮王諮議參軍承突

榮王諮議參軍承寍

永王友承乔

永王友承寯

濟王諮議參軍承[illegible]

		濟王諮議參軍承寀
	永安郡王贈畢王守義	
中宗大和大聖大昭孝皇帝四子		
湖陽郡王房		
節愍太子重俊	湖陽郡王宗暉	
睿宗玄真大聖大興孝皇帝六子		
讓皇帝房亦曰寧王房		
讓皇帝憲	汝陽王璡初名嗣恭又名淳	隴西縣男劍州刺史椿
		頓丘縣子睦州別駕繼
		燉煌縣子泰陵令櫃

天水縣男朗州別駕楷		
宗正少卿杙		
梠		
范陽縣男枵		
弘農令梗		
楓		
上邽縣男太原少尹樞	富平令子昱	聞禮
		嗣寧王邠寧節度使有禮
	勳令子稱	居禮
		三水令全禮

太子中允子誼

左武衛將軍傳禮

隴西郡公靈武節度使玄禮

光祿寺丞光符

檢校祠部員外郎光啓

隴西縣男檢校吏部尚書光碩初名瀆

橋陵臺令濟

傳裔

守琮

文著

文尉

文郁

						濟陽郡王嗣莊	嗣寧王琳			潁川郡公珦
							鴻臚卿栩	嗣寧王宗正卿橫		
								嗣王子潄	嗣寧王太僕卿子鴻	
					彭原令恭禮				嗣王太子家令平原	
									嗣王秘書少監穎	
文端										
友澤			友諒							
誥	謀	詠	湜	演						

晉昌郡公斑	魏郡公瑄	蒼梧郡公玠				文安郡公瓘	漢中郡王瑀
		杞以晉昌公斑第五子繼					楬
			嶺南節度使從易		濠復等州刺史從節		
			榮州刺史弘度	蓬劍滁光等州刺史弘毅			

太常博士太子中舍人梢				
諫議大夫景儉		散騎常侍景儒	江州刺史景信	容管經略使左庶子景仁
圻字次山	堪字勝之		喬字平叔	

惠莊太子房亦曰申王房

惠莊太子撝	
嗣申王詢初名嗣英以讓皇帝第六子繼	嗣王壽以珣兄繼
	構
	嗣申王陝州左司馬師貞

		左散騎常侍秘	贈諫議大夫祐	鳳齊乾婺安五州刺史弘讓	
				左贊善大夫允方	
				涇原節度副使仲方	戴
				醴泉令元方	恕
					佺
				光祿少卿敬立	
		贈國子司業楧	嘉衡二州刺史翊	太原少尹泳	儋
			扶溝令承方	嗣申王銳	
		振			

惠文太子房亦曰岐王房

惠文太子範
河東郡王瑾
河西郡王玠
嗣岐王珍以惠宣太子子繼
嗣王逸
嗣王愈
嗣王雲翰

惠宣太子房亦曰薛王房

惠宣太子業
樂安郡王瑗
滎陽郡王瑒
絳州長史迥
遐
嗣薛王琄
嗣王邃
嗣王宓
嗣王知柔相昭宗
特進璨

特進璩
琛
璪
琇
逢
瓊

玄宗至道大聖大明孝皇帝二十三子自玄宗以後諸王不出閤不分房子孫闕而不見

奉天皇帝琮
嗣慶王俅以廢太子瑛第三子繼

廢太子瑛
新平郡王儼字伯莊
平原郡王伸
倩

	鄭國公儆
	韓國公太僕卿備
	太僕卿倫
棣王琰	汝南郡王僎
	宜都郡王儋
	濟南郡王俊
	順化郡王侒
	衛尉卿微
	太僕卿僚
	國子祭酒俠
	殿中監仁
	祕書監僾
鄂王瑤	

靜恭太子琬	濟陰郡王俌
	北平郡王偕
	陳留郡王倩
	衛尉卿傺
	祕書監儥
	鴻臚卿佩
	文安郡王像
光王琚	
儀王璲	嗣王俓
	臨川郡王侁
	廣陵郡王僆
	虢國公供
潁王璬	滎陽郡王伸

	高邑郡王儔
	楚國公俔
	夔國公僔
永王璘	襄城郡王偒
	餘姚郡王儹
	莒國公偵
	郕國公儇
	國子祭酒伶
	國子祭酒儀
壽王瑁	德陽郡王僾
	濟陽郡王伓
	廣陽郡王倛
	薛國公伉

	滕國公侑	
	國子祭酒傑	
		嗣壽王存志
延王玢	彭城郡王倬	
	平陽郡王俁	
	魯國公倞	
	荊國公偃	
	太僕卿佐	
盛王琦	眞定郡王儹	
	信都郡王佩	
	徐國公俗	
	許國公係	
濟王環	永嘉郡王傣	

	平樂郡王僙	
	沛國公佴	
	蕭國公俸	
信王瑆	新安郡王佟	
	晉陵郡王倜	
	吳國公保	
	越國公伋	
	鄣國公傳	
		嗣信王林
義王玭	武陽郡王儀	
	高陽郡王僇	
	曹國公佳	
	魏國公傛	

陳王珪	安南郡王倫
	臨淮郡王佗
	安陽郡王佼
	秘書監仿
	代國公俘
	宣城郡王儼
	贈太常卿倪
豐王珙	齊安郡王侊
	宜春郡王佃
	郢國公佽
	江國公侚
恆王瑱	
涼王璿	瀘陽郡王仂

	安定郡王仕	
	蒲國公佋	
	鄭國公侳	
		嗣涼王寶雅
肅宗文明武德大聖大宣孝皇帝十四子		
趙王係	武威郡王建	
	興道郡王遒	
	延德郡王迨	
承天皇帝倓		
彭王僅	常山郡王鎮	
兗王僴		
涇王侹	延德郡王迨	
襄王僙	伊吾郡王宣	

	樂安郡王宗	
杞王倕	同昌郡王建	
邵王偲		
代宗睿文孝武皇帝二十子		
昭靖太子邈	舒王誼	寧塞郡王太僕卿涉
		清河郡王太府卿汭
	靈溪郡王詠	
睦王述	恭化郡王謂	
	洪源郡王太常卿諷	
丹王逾	寧朔郡王宗正卿訪	
恩王連	景城郡王大理卿誨	

韓王迥	安康郡王諧
簡王遘	恩平郡王司農卿證
益王迺	
隋王迅	
忻王造	武威郡王太府卿諸
韶王暹	晉昌郡王鴻臚卿詡
嘉王運	新安郡王太僕卿訢
端王遇	新興郡王衛尉卿誠
循王適	平樂郡王光祿卿護
恭王通	
原王逵	
雅王逸	
蜀王遡	

德宗神武孝文皇帝十一子	
通王諶	山陽郡王緘
虔王諒	
資王謙	
昭王誡	
欽王諤	
珍王誠	
順宗至德弘道大聖大安孝皇帝二十二子	
郯王經	東平郡王恪
均王緯	
漵王縱	清河郡王懷
莒王紓	內黃郡王愔
密王綢	

郇王總	
邵王約	
宋王結	
集王緗	
冀王絿	
和王綺	
衡王絇	
欽王績	
會王纁	
福王綰	高陽郡王慎
珍王繕	
撫王紘	中山郡王悵
岳王緄	

袁王紳	安喜郡王慬
桂王綸	
翼王綽	上谷郡王憸
蘄王緝	
憲宗昭文章武大聖至神孝皇帝二十子	
惠昭皇太子寧	
澧王惲	東陽郡王漢
	安陸郡王源
深王悰	臨川郡王演
	河內郡王潭
	吳興郡王淑
洋王忻	潁川郡王沛
絳王悟	新安郡王洙

	高平郡王滂
建王恪	
鄜王憬	平陽郡王溥
瓊王悅	河間郡王津
沔王恂	晉陵郡王瀛
婺王懌	新平郡王清
茂王愔	武功郡王漶
淄王協	許昌郡王澣
	馮翊郡王滋
衢王憺	晉陵郡王涉
澶王怳	鴈門郡王濘
棣王惴	
彭王惕	

信王憻
榮王憒嗣王令平
穆宗睿聖文惠孝皇帝五子
懷懿太子湊
安王溶
敬宗睿武昭愍孝皇帝五子
悼懷太子普
梁王休復
襄王執中
紀王言揚
陳王成美
文宗元聖昭獻孝皇帝二子
莊恪太子永

彝王宗儉

武宗至道昭肅孝皇帝五子

杞王峻

益王峴

兗王岐

德王嶧

昌王嵯

宣宗元聖至明成武獻文睿知章仁神德懿道大孝皇帝十一子

靖懷太子漢

雅王涇

衞王灌

夔王滋

慶王沂

濮王澤
懷王洽
鄂王潤
昭王汭
康王汶
廣王澭
懿宗昭聖恭惠孝皇帝八子
魏王佾
涼王侹
蜀王佶
威王偘
吉王保
恭哀太子倚

僖宗聖神聰睿仁哲明孝皇帝二子

建王震

益王陛

昭宗聖文睿德光武弘孝皇帝十七子

德王裕

棣王祤

虔王禊

沂王禋

遂王禕

景王祕

祁王祺

雅王禛

瓊王祥

端王禎					
豐王祁					
和王福					
登王禧					
嘉王祐					
潁王禔					
蔡王祐					

宗室四十一房一曰定州刺史二曰南陽公三曰譙王四曰蔡王五曰畢王六曰雍王七曰郇王八曰大鄭王九曰蜀王十曰巢王十一曰大楚王十二曰荆王十三曰徐王十四曰韓王十五曰彭王十六曰小鄭王十七曰霍王十八曰虢王十九曰道王二十曰鄧王二十一曰舒王二十二曰魯王二十三曰江王二十四曰密王二十五曰滕王二十六曰恆山王二十七曰吳王二十八曰濮王二十九曰蔣王三十曰越王

三十一曰紀王三十二曰曹王三十三曰澤王三十四曰章懷太子三十五曰湖陽郡王三十六曰讓皇帝三十七曰惠莊太子三十八曰惠文太子三十九曰惠宣太子蜀王房又有隴西渤海二房附見其譜定著三十九房終唐之世有宰相十一人鄎王房有林甫回鄭王房有程石福小鄭王房有勉夷簡宗閔恆山王房有適之吳王房有峴惠宣太子房有知柔

唐書卷七十下

唐書卷七十下考證

宗室世系表下祭國公煋○兩書皆作煌

潁川郡公珣○臣酉按珣無潁川封且珣出繼惠莊太子列于申王房矣此重出

唐書卷七十下考證

唐書卷七十一上

宋　翰　林　學　士　歐　陽　修　撰

表第十一上

宰相世系表

唐爲國久傳世多而諸臣亦各修其家法務以門族相高其材賢子孫不殞其世德或父子相繼居相位或累數世而屢顯或終唐之世不絕嗚呼其亦盛矣然其所以盛衰者雖由功德薄厚亦在其子孫作宰相世系表

裴氏出自風姓顓頊裔孫大業生女華女華生大費大費生皐陶皐陶生伯益賜姓嬴氏生大廉大廉五世孫曰仲衍仲衍四世孫曰軒軒生潏潏生飛廉飛廉生惡來惡來生女防女防生旁皐旁皐生太几太几生大駱大駱生非子周孝王使養馬汧渭之閒以馬蕃息封之於秦爲附庸使續嬴氏號曰秦嬴非子之支孫封䣕鄉因以爲氏今聞喜䣕城是也六世孫陵當周僖王之時封爲解邑君乃去邑從衣爲裴裴衣長貌一云晉平公封顓頊之孫鍼於周川之裴中

號裴君疑不可辨陵裔孫蓋漢水衡都尉侍中九世孫燉煌太守遵自雲中從光武平隴蜀徙居河東安邑安順之際徙聞喜曾孫曄并州刺史度遼將軍子茂字巨光靈帝時歷郡守尚書率諸將討李傕有功封陽吉平侯三子潛徽輯

西眷裴出自陽吉平侯茂長子徽字文秀魏冀州刺史蘭陵武公以其子孫多仕西涼者故號西眷四子黎康楷綽黎字伯宗一名演游擊將軍祕書監二子粹苞粹晉武威太守二子詵暅詵太常卿避地涼州及符堅克河西復還解縣生劭劭生和和生種種生景惠

景惠後魏州別駕			
會			
韜			
融後周司木大夫 孝瑜儀同大將軍			
該		褘	爽
奐戶部員外郎			
	恂赤丞		

			他字元化後魏中軍將軍荊州刺史				
			讓之字士禮齊中書舍人			訥之字士言北齊中書舍人居聞喜	
						掞	
			淨	綸太子舍人			
寂字眞玄相高祖							
律師駙馬都尉河東公		法師將軍聞喜公		傑	式微大理司直		子儀瀛州刺史
承光檢校左羽林軍將軍郕國公	承祿右淸道率河東公						
	景儼武彊公						

世矩字弘太相高祖
宣機禮部侍郎

奉高
延慶商州刺史聞喜公

審昌河州刺史

謁之字士敬齊壺關令
通
瑀費州刺史

洗馬裴出自粹子晅晅生懂自河西歸桑梓居解縣洗馬川號洗馬裴仕前秦

大鴻臚二子天恩天壽

天恩後魏武都太守
祖安邑令
思濟
宗賢
錯
同

機
奉禮
亨篤部郎中

恆左拾遺

談相中宗
元明睦州刺史
光裔
晏左金吾大將軍

					祖思		
			幼儔猗氏令	慶升	仲初		
					昶		
			處晞				
				弘獻刑部郎中潁州刺史初以蜀王府法曹參軍刪改律令			萬頃冀州刺史
		仙裔		邦基字祖思大理正	克己京掾	克諧都官員外郎	
晟和州刺史	晞尚方監						
康時昭應令							
恰滁州刺史生宣禮司農卿							

					天壽後魏中書博士			
祖愛					智深			
義同鴻臚卿					襲			
仁素			翼	道玄	叔騰			
大同洛交府折衝								
炎字子隆相中宗武后		旦京掾			善政隋黎州刺史黎國公			
懿太子舍人	彥先太子中舍人	伷先工部尚書巽城公		重皎一名積慶登州刺史	文立紀王府諮議參軍			
		愿左補闕	思益起居舍人	朏禮部郎中	元簡尉氏尉			
				愼從	曠御史中丞			
					鵬容州長史	虬諫議大夫		
						復字茂紹河南少尹		
						璩生蟾	質吏部郎中	望郎

							述
							士衡
							季通金部郎中恆王傅
							依訓絳州刺史
乾貞字敬天潼關防禦使御史大夫			恭字肅夫邕管經略使		弘泰義成邠寧鳳翔節度使太子少傅河東縣伯	竦	
訥太子正字夏州觀察判官	蕃	謠	琰	璋			

	英		
	元	彥後周驃騎大將軍吉陽郡公	
士勳		通開府儀同三司懷義郡公	
		弘策隋將作大匠黎溫公	
		行方字德備茂州道行軍總管清丘道行軍副總管右衛將軍檢校幽州都督襄懷義平公	
延休慈州刺史		履昭甘州刺史	
		務	
		裔	
		茂襄陽節度使	薦主客員
			次元福建觀察使兼御史中丞京兆尹三子處道處節處權處範生璣字蘊微處權字

					兢				
					操之				
				善文	弘泰雍州錄事參軍				
					思義河東太守晉城縣子				
		敬忠		元琰都官員外郎	敭珍薛王騎曹參軍				
		晉梓州刺史	觀荊州按察使		回字玉温任城尉				
	敷成都少尹		遂一名從京兆少尹			迪	通同州刺史	造	達
外郎						薦			
晦之禮部郎中生暉字升蒙									

大猷監察御史
闡韶赤尉

大方
思敬一名思明蓬州刺史

南來吳裴出自黎第二子苞苞三子軫丕彬軫生嗣嗣西涼武都太守三子邕
翹策邕度江居襄陽生順宗順宗三子叔寶叔業令寶叔業齊南兖州刺史初
歸北號南來吳裴事後魏豫州刺史蘭陵郡公謚忠武子蒨之芬之劬之英之
藹之

蒨之字文譚輔國將聽北齊隋軍襲蘭陵王左常侍敬公
測字伯源後周常侍

同節殿中侍御史
光復虔州刺史

簡之後魏岐州刺史
景富平令
正隋散騎常侍
睿字歸厚南鄭鄭令
九思歷陽丞
仲卿
淳永平尉大理正
集

季卿湖州司士參軍
淑汝州參軍

	叔卿濟州司馬	洵揚府參軍	
		潤明法	
		淨明法	
		演明經	
		江明經	
守真字方思邠寧二州刺史	子餘給事中諡孝	泳奉禮郎	
		穎左清道率府兵曹參軍	
	巨卿衛尉少卿	沐河南府參軍	
		滌臨安令	
		樞司勳員外郎	惲字知止
			袞字補臣

耀卿字渙之相玄宗											
遂太子司議郎	泛梁州都督			泫祕書少監	綜吏部郎中						皐給事中
	肌	收	虒		佶字弘正國子祭酒			琬侍御史		武太府卿	湛江西觀察使
					泰章字敦藻給事中	含章字積中	耕字德實	茂章字子光	鉞字鼎俊		德藩字商老
					孝頊						
					礀字祈山						

德融字周耀

德符字渭翁

延通事舍人

幼卿洛陽尉
士安大府卿
亮

僑卿起居郎
佐

佑

傳

保

信

洴尚舍直長
仲左

叔謩

叔猷均州刺史

伯言戶部員外郎

行立邕管經略使

春卿太子中允

淑倉曹參軍

挺內直丞

常棣杭臨字州刺史敦言

常憲

好古

好問

昱鼓城令

治左司禦兵曹參軍

濟明法

液

澈

歸仁，潞府司兵參軍
知柔，夷州司馬
襲
治
廣

嗣

守祚，下邳令
令溫，房豫陝三州刺史
導

令寶二子彥先彥遠彥遠生鑒鑒生獻

獻，隋扶州刺史，臨汾公
義
山
爽

知節，南和令
倩
士淹，禮部尚書，絳郡公
登

通，字文玄，檢校禮部尚書

嬰，閬州刺史

士南

行本，相武后

	羅隋魏郡丞	公緯祠部郎中	瑾之倉部郎中	濯太子賓客正平懿公	兗	
			琰之		系諫議大夫	
		公繹邢州刺史	延昕婺州刺史			
			無悔袁州長史	卓岐州刺史	騰戶部郎中	涗員外郎
						淙
						沖
						汶湖州刺史
						渾
						濬
					清秘書監	叔潾
					霸吏部員外郎	
				坦太平令	輿工部員外郎	

昌弘農太守		寬禮部尚書		歆侍御史大理正					
徹戶部郎中		謂字士明東都副留守		勝國子司業				腆戶部侍郎	
渙	涓	弘儀	戡	澥給事中				涇	沼
				覽	克河南府司錄參軍				
					珽杭州刺史	璩字挺秀檢校司空	瓚字公器刑部尚書		
					堅		垣字克構		

			恂河內太守						晏	京汝南別駕	
		佾鳳州刺史	育檢校員外郎			漸	脩	靖舒州刺史		冑字遐叔檢校兵部尚書謚成	
注	渙		澡工部侍郎	溶	濡					胤容府經略推官	温太子舍人

潼右衛錄事參軍

溎絳州參軍

渙弘文明經

公續 挺之洪州都督

允 肅右領軍將軍

眺 龍虔相州刺史 守義左補闕

中眷裴氏出自嗣中子奣晉太尉宋公版諮議參軍并州別駕號中眷三子萬

虎雙虎三虎

萬虎保歡 良字元賓後魏太府卿諡貞 子通隋太中大夫 敬彝吏部侍郎 錫司勳員外郎

叔祉北齊太府卿 子閭 元質尚書右丞 杞

							雙虎後魏河東郡太守
大醜							秀業天水郡太守
							邃正平郡太守澄城縣子
慶孫後魏太中大夫							文舉字道裕後周青州刺史
子瑩太尉司參軍							胄大都督
受							神安邑通守
宣明華州刺史謚簡							知禮同州刺史
景鸞華州刺史				景鴻北齊和夷郡守			思本
文瑞北齊行臺郎				叔卿貝丘令			
頤	安	弘	振	神舉和州刺史	神符		
					紹宗	茂宗禮部尚書	
					旭和州刺史生光庭堯臣禹臣延齡戶部侍郎生操	朓金部郎中孫嘉謨	

					惠秀					
					嵩壽梁兵部尚書					
			璣		伯鳳後周光汾二州刺史瑯邪郡公					
					定高襲瑯邪郡公馮翊郡公					德超寧州刺史
					仁基字德本隋光祿大夫忠公					思簡
		知古太常令	大成石州刺史		行儼					休貞定州刺史
思哲	思泰		允初太子賓客		貞隱邵南府果毅					
			藏之道州刺史	則之	參玄鄧州刺史	義玄	悟玄赤丞	延休	慶遠	
			常		植祠部郎中					

思諒靈武大總管河東郡公									
肅親衛參軍				行儉襄武道大總管聞喜憲公					
	孜察漢州刺史			光庭字運城相玄宗					
	敎	繁	徹	稹司勳員外郎襲正平縣子					
				倩字容卿度支郎中正平縣男諡節					斂字九思左金吾將軍
				均字君齊左僕射平章事鄅公					堅殿中丞
				鉷鳳翔府參軍河東縣男	鍔江陵尉	鋗	鐇	鎬	

謚成

瑾字封叔古州刺史
銑

植字清之秘書監

塤戶部郎中
鐇

鍠字振德

倚殿中侍御史

脩榆次尉

三虎後魏義陽太守
文德軌
瑾
景叔青州刺史

子瑜
喻朗州刺史

景深著
世清江州刺史
嘉陵齊州司馬

思訓巴州刺史
皎然
周南監察御史

邵南

士南

脩然
國南

萬仁
耀之高知道武陽太守陵令
義弘中書舍人玄武公
蜷字翁喜杭州刺史河東縣男
遵裕
單

宜

遵業
彭
禮部州刺史

遵慶字少良相代宗
會都官郎中

向字傒仁吏部尚書
寅字子敬御史大夫
格

樞字化聖相昭宗

桃弓
鳳字買興後魏河北太守
鑒司徒右長史
澤北齊黃門侍郎
祥
方產右司郎中
咸太子諭德

芭第三子丕丕孫定宗定宗涼州刺史生訛後魏冠軍將軍生遼太原太守散騎常侍生纂纂正平太守酈西公四子舒嗣秀詢舒後周車騎將車元氏公生昂生玄運濮州刺史生季友司門郎中太子僕生武武曾孫訢

訢赤尉

總太常博士太子舍人

世節隋營州司馬永福公

玄本梁州都督襄永福公

知久宜興令

安期汾州司馬

後已濟源令

郁太常卿河東縣公

邠少府監丞

鄖涪州刺史

鄜兗州別駕

鄯汾州別駕

乂福建觀察使

誨

警

								循己左衛大將軍	
								鄖澤州刺史	郕嶺南節度判官
					稷虔州刺史	墠字右郊越州觀察判官			
謨	坦字知進相僖宗				儲大理丞				
顗字敦士	質字殷敬	勛字思弘	賝字延實	購字昌言	贄字敬臣相昭宗		及		
					羽字用化壽安尉				

						酆江州刺史	温伯澤州刺史		岫宜春尉		
						鄖河陽令					
					倚己左贊善大夫	郾衢州刺史					
						郇宣州長史					
					遠梁主簿						
			誓	琬登州刺史							
				瑒							

東眷裴出自茂第三子輯號東眷生穎穎司隸校尉生武字文應晉大將軍玄菟太守永嘉末避地平州二子開湛開字景舒仕慕容氏太常卿祭酒三子原成範範字仁則河南太守四子韜沖湛綏沖字太寧後秦并州刺史夷陵子五子道子道護道大道會道賜道子字復恭本州別駕從劉裕入關事魏南梁州刺史義昌順伯三子德歡恩立輔立德歡一名度豫鄭廣坊四州刺史謚曰康

二子澄禮

澄字靜盧後魏汾州刺史								
景漢字仲霄後周車騎大將軍								
鏡民隋兵曹郎						文度隋絳州留守知蒲虞絳泰十六州兵馬事		
熙載兵部尙書				熙勣洛州長史		瞿曇舒州刺史		
居道相武后				居業	中庸	居素		
望麟臺郎	兼	潤	融右驍衛將軍			憚		
					恂京掾	孝禮 京掾		孝智都官郎中
			泰安南都護			洽	汲	通冀州刺史

							造				
				居默大谷令	恪亳州刺史	千鈞丹州刺史	政柔左金吾將軍	炫陽川令			
								嶠虞部員外郎	浩麟游令		
									滔聞喜令		
					敬休文水令						
				敦柔聞喜令							
								建新安令			
								銳絳州刺史			
								弘慶屯田郎中			
								弘本鄂州知院			
								魯顧宿州刺史			
								魯賓			

	大方司烈員外郎								
	居晊	居士太子少詹事						居業	居約
		虛己光祿卿駙馬都尉	虛舟右贊善大夫	璆	珖	玲太僕卿駙馬都尉			
			元乘	徽殿中丞駙馬都尉		倣太常卿駙馬都尉	光叔導江令		
				液道州刺史駙馬都尉			師貞		
玘									

		尼字景尼後周御正大夫							
		之隱梓州長史會稽縣男	師民後周記室參軍	之爽					
	正覺			希仁膳部郎中	希惇字處實齊州長史				
居近					思進隋令				
					巽國子祭酒駙馬都尉魏國公				
					齊參贊晉大夫	齊閔國子司業			齊游祕書少監
						穎衞尉卿駙馬都尉	頎太原令	頵	大亮兼御史中

							思約威遠令	思禮穀熟令	思政	醫王太子僕	思温洛州司功
			孚	臨祕書郎	隨	鼎左衛將軍					
	齊丘祕書監駙馬都尉	齊嬰陳王府長史			冀右金吾將軍	友悌郴州刺史					
丞		頊									

	希莊陳州刺史							
參軍	抗京掾							攜寧州刺史
	宣							
	肅字中明浙東觀察使							
	儔字次之江西觀察使		休字公美相宣宗			俅字冠儀諫議大夫		
	延翰字伯甫藍田尉集賢校理	延魯字東禮浙東觀察使	弘字裕志		玫字藏器	渥	澈字深源相僖宗	
			瑀字夷玉	珦字德潤	璩			

			道護二子次愛祖念祖念生弘陁後魏閬喜公生鴻琳易郡太守生客兒	客兒後魏長平郡公					
				文行右艾丞	文政			文藝後魏伊河二州刺史	
				玄度絳丞	玄珪莊州都督	令慈		思賢青州刺史	導齊州刺史
	巨源	稚珪戶部郎中		翔朝城令	獻之	守一河州刺史			杲字茂昭後周眉復二州刺史冠軍儐公
撙職方郎中	思愼職方郎中			浩		偃	淑汞州刺史		孝仁建譙亳三州刺史
				佐杭州司由參軍					

	鴻智襄州長史高邑縣侯									
	師道									
思業諱	懷節洛州刺史謚定									
	浩太僕少卿	昭太府少卿								皎太廟令
	貞亳州刺史	礭右金吾將軍平陽貞公			綱蔡州刺史					之慶綏州刺史
		兢大理司直	悟長樂太守	怦洛交太守	璩河南少尹			歡赤尉	相京掾	
				希先溫州刺史	澄蘇州刺史	濟	涇泉州刺史			

懷儉監察御史									
昱高陵令									
增	垍字弘相憲宗	衡字無私		垌大理少卿					
	鍠			含章	惠迪	思猷字獻臣工部尚書	思謙字自牧左散騎常侍兼太理卿		思
		曄					紹光字安卑	紹昌殿中侍御史	洗大理寺丞
								慎辭	

									濯臨汾尉		
									滉太原府參軍		
									湘絳州司法參軍		
							墉壽州刺史				
						登	堪	紳字子佩	庭裕字膺餘	慤字莊己	
	師武	懷肅		懸吉州刺史							
		懷照忠州刺史									
	師義	懷感澧州刺史	陟滑州司馬	紀長安丞	冕字章甫相代宗						
					正河中少尹	殷					
						慤					
						某朗州刺史	希顏邕府巡官				
							覺				

	尉太僕卿	篋贊善大夫	
		儉劍州刺史	
		素	
		廣	
		均	
	嬰	匠慈州刺史	
		匯	
		匪	
		匣	
緡	憲	區	
		茝國子司業	
		頥	格字文明
纘	洄	偃	

				欣敬					
	成	珍	泰京掾	魯師					
				知機					
昕兼御史中丞	峴	平		鉉	寘				
				夏	有鄰濮陽令				
				政行軍司馬	溆澠池丞				
				克諒	度字中立相憲穆敬文				
					謨字宜業翰林學士工部侍郎	詡	諗權知刑部侍郎	調	議字通理檢校右僕射晉昭公
						造	沼字化龍		佋監察御史

		迺司封員外郎
		純懿掌書記
讓	誠	
禹昌字聖親	光鼎字德源	

裴氏定著五房一曰西眷裴二曰洗馬裴三曰南來吳裴四曰中眷裴五曰東眷裴宰相十七人西眷有寂矩洗馬有談炎南來吳有耀卿行本坦中眷有光庭遵慶樞贄東眷有居道休澈垍冕度

劉氏出自祁姓帝堯陶唐氏子孫生子有文在手曰劉累因以爲名能擾龍事夏爲御龍氏在商爲豕韋氏在周封爲杜伯亦稱唐杜氏至宣王滅其國其子隰叔奔晉爲士師生士蔿蔿生成伯缺缺生士會會適秦歸晉有子留於秦自爲劉氏生明明生遠遠生陽十世孫戰國時獲於魏遂爲魏大夫秦滅魏徙大梁生清徙居沛生仁號豐公生煓字執嘉生四子伯仲邦交邦漢高祖也高祖七世孫宣帝生楚孝王囂囂生思王衍衍生紆紆生居巢侯般字伯興般生愷字伯豫太尉司空生茂字叔盛司空太中大夫徙居叢亭里愷六世孫訥晉司

隸校尉孫憲生羨淩羨二子敏該敏從子僧利

敏									
慶後魏東徐州刺史謚曰簡									
軫北齊高平太守									
通字子將隋毗陵郡通守									
德威字尚重刑部尚書									
審禮工部尚書彭城公					崇業	延景陝州刺史			
佺壽太常丞	侍庶	昜從漢州刺史			朏汴州刺史	溫玉許州刺史	承顏宗正卿	瑗國子祭酒	
		昇中書舍人	最給事中			寡悔齊州刺史		爲輔	
			顥	顒殿中侍御史				商檢校虞部郎中	
				識					仁師字行輿司勳郎中

寰

爲鱗

琪左衛將軍
爲翼

爲範

德敏梁州都督
崇術隋州刺史

悅鳳州刺史

德智滁州刺史
延嗣汾州刺史

崇直嘉州刺史
體微諫議大夫衛尉卿

守約
昌源泰州都督

宅相吏部郎中

守悌刑部侍郎

軌
權隋衛尉卿
澈

僧利後魏羽林監										
世明字伯楚南兗州刺史										
偉字世英北齊睢州刺史										
瑗					珉北齊睢陽太守					
胤之楚州刺史		行之			務本隋留縣長					
		延祐安南都護	延慶		藏器比部員外郎					
欣時侍御史	叔時殿中侍御史	含章	賁太平尉	居簡太原尹	知柔工部尚書彭城侯					知章
		猛	液管城令	深	繹金部郎中	緝巴陵太守	緗和州刺史	繪延州刺史	繕桂府都督	
			汴							

子玄中書舍人居巢文公
晛起居郎
浹
敦質

滋相德宗
約

緒

餗河南功曹參軍
贇
從周左補闕

彙尚書右丞
贊字公佐宣歙觀察使彰城縣男
茂孫

勝孫

憲孫

懿孫

秩國子祭酒
賚

製

迅左補闕	適給事中

京兆武功劉氏本出彭城後周有石州刺史懿

懿	昭隋上儀同三司	文靜字肇仁相高祖	樹藝
			樹義襲魯國公
		文起通直散騎常侍	

彭城劉氏又有劉升

升	景字司光鄜坊從事	贍字幾之相懿宗	滉字鑒源	
			陟	
				延賞渭南尉右拾遺

尉氏劉氏出自漢章帝子河閒孝王開世居樂城十世孫通徙居尉氏

通後魏建武將軍南陽太守樂城侯					
能北齊冠軍將軍					
熾淮陽王參軍					
子威					
仁勳字正則相高宗					仁相
滔	濬工部員外郎				
	晃太常卿襲樂城公		昇京兆少尹		
	子藩河東節度掌書記虞部員外郎		子之		
	熠雅州刺史		元鼎慈州刺史	公輿祠部員外郎	
	瑑字子全相宣宗	瑱字昭愿	思字挺秀		

臨淮劉氏出自漢世祖光武皇帝子廣陵思王荆子俞鄉元侯平平生虒襲封亭繼母以孝聞世號仁義侯生玄玄生熙魏尚書郎熙生述東平太守述生建晉永城令世居臨淮建生會歷瑯邪內史從元帝度江居丹陽曾孫彥英宋給事中通直散騎常侍二子隱人逸人梁末又徙晉陵隱人五世孫子翼

子翼字小心著作郎弘文館學士

懿之給事中

禕之相武后

揚名

南陽劉氏出自長沙定王生安衆康侯丹襲封三世徙沮陽裔孫廙字恭嗣魏侍中關內侯無子以弟子阜嗣阜字伯陵陳留太守生喬字仲彥晉太傅軍咨祭酒生挺穎川太守二子簡耽耽字敬道爲尚書令生柳字叔惠徐兗江三州刺史又徙江陵曾孫虬

虬字靈預宋當陽令文藝先生

之遴字思貞梁都官尚書

洎字思道相太宗

廣宗都官郎中

敦行屯田員外郎

肱

朓

弘業

廣平劉氏出自漢景帝子趙敬肅王彭祖彭祖生陰城思侯蒼蒼薨嗣子有罪

不得立遂居廣平肥鄉蒼十一世孫邵字孔才魏散騎常侍十一世孫藻

藻								
矜兗州刺史								
林甫中書侍郎樂平男								
祥道相高宗		慶道祠部郎中	應道吏部郎中	武幹會寧五州留守襲金鄉公				
齊賢更名景先相高宗	廣禮		令植禮部尚書	元昺括州刺史				
			孺之京兆少尹	如璠朐山丞				
			從一相德宗	勳字永夷兵部侍郎貞惠公				
				伯芻字素芝刑部侍郎				
				寬夫字威之澤潞掌書記祕書省校書郎			端夫吏部員外郎	巖夫字子耕
				允章字韞中	煥章字文中	玄章字求中		
				濟明字外明				

丹陽劉氏世居句容

三復刑部侍郎	鄴字漢藩相懿宗僖宗	希字至顏					
		覃字致君校書郎					

曹州南華劉氏出自漢楚元王交之後自彭城避地徙南華築堌以居世號劉堌隋有東萊令劉晉字進之三子郁多讓多退

郁字蔚卿弘文館學士	懷器字汨藏	知仁字仲安新鄭令	卜兒五經及第				
	恭字伯寅新井令	知晦字仲昌武功丞	昱字士明大理司直	傳經字仲習殿中侍御史	譜字伯圖睦州士曹參軍	鼎字仲實	顏新安令
							徽郎
						巽字中正	
						咸	

						遷字士昭杭州刺史	
			專經字仲純侍御史徐州觀察判官	繪經字仲莊幽州功曹參軍	深經字仲淵幽州功曹參軍	談經字辨之大理評事	
			審一			濛字潤之大理卿	
華	解	益				墀河中少尹	埴字秉中兵部吏部郎中
							顗

								圻字唐叟宣武節度判官
穎著作郎	拱	技字士能檢校戶部員外郎			徽字休祥藍田尉直史館	武庫	撥長水尉	首孫江陽令
		文滔泉州觀察推官	文濟字霸源吏部郎中	文澤武連令				

			弄璋
		垣	
	逸字濟川芮城尉		
	玥字子美大理評事	墁陳留令	
	汪	壇	
通經字仲達奉天尉			
全經字仲博清河尉	賁字寶卿王屋尉	堉	
		弘夫	
		鵬夫	
		顏夫	
瞻經字仲豐			

									忠經字仲修雅州刺史	遷經字仲常太常寺太祝
									灌字禮先華州司馬	天養
綰	緼渠江令	紘商南令	從方朗山令				詳金州防禦判官	寔西河令	記大理評事	
	三象			阿更	阿尹渠江令	董	紹			

				晏字士安相肅宗代宗				
				執經字長儒吏部郎中				
	洙字敬先好時尉	潼字子固河東節度使	隄	璨字景光大理評事嶺南節度判官		瑀字景温澤州刺史	瑲字景潤楚州刺史	琢字景真
頻	庚子	紆		審己華州文學	讜字直哉	彥盧氏尉		坤

					宗經字仲儒國子祭酒			
	和字時中汝州司士參軍	珂字景儀夏尉			倚字正卿監察御史	文簡洛陽丞	侃虢州長史左贊善大夫	
垌松陽令		誥字坦然普安令	詠澤州錄事參軍	韶新寧令	權平輿令		好古字彥純宋州司士參軍	
							車子	季隨

好問字彥博無錫丞

好學字彥深蘇州功曹參軍

伉藍田令
挺澂水令

軒河南尉

輜

儼龍丘令
承嗣

懷策字伯謀
知至字惟幾
去澄

知運字惟變寶南充丞

知遠字惟深

多讓字肅之
知蒲字子仲
緒福
欽太

欽瑜

			欽惠
		神慶	
		神務	光輔
		犨	光嶷
			逸愷
		瓌	
		贇	璋
多退字敬之	懷亮字子信		
	懷璧字子溫	景珍	
	懷安字子寧		

劉氏定著七房一曰彭城二曰尉氏三曰臨淮四曰南陽五曰廣平六曰丹陽七曰南華宰相十二人彭城房有滋文靜瞻尉氏房有仁軌琢臨淮房有禕之南陽房有洎廣平房有祥道景先從一丹陽房有鄴南華房有晏

河南劉氏本出匈奴之族漢高祖以宗女妻冒頓其俗貴者皆從母姓因改爲劉氏左賢王去卑裔孫庫仁字沒根後魏南部大人凌江將軍弟眷生羅辰定州刺史永安敬公其後又居遼東襄平徙河南羅辰五世孫環雋字仲賢北齊中書侍郎秀容懿公弟仕雋

仕雋				
坦字寬夫隋大理卿昌國縣伯				
政會邢襄公				
玄意字深之汝州刺史駙馬都尉				
奇天官侍郎				
愼知獲嘉令				
聚東阿令				
藻字茂實祕書郎				
符字端期蔡州刺史				
崇龜字子長清海節度使	崇彝字子憲都官郎中	崇望字希徒相昭宗	崇魯字郊文水部員外郎知制誥	崇謩字成禹太
垂字昭眖				

常少卿弘文館直學士

珪字寶臣洪洞令

岳字昭輔

瓌

玗

超河南少尹

全誠

微字可大吳郡太守江南採訪使

方平

同萬年令

循金吾將軍

玄象主客郎中

玄育易州刺史

河南劉氏宰相一人崇望

唐書卷七十一上

唐書卷七十一上考證

宰相世系表一上○沈炳震曰唐書宰相世系大端紕戾官爵謚號或書或否或丞尉而不遺或卿貳而反缺或誤書其兄弟之官或備書其褒贈之職更或其生平所偶歷及曾未嘗居是官者龐雜淆亂不可究詰以表序昭穆此非所重故不詳載要之此書不足徵信適以滋謬舉不可廢也

裴氏行立○臣酉按裴守眞傳行立乃守眞曾孫表作守眞之六代孫誤

漼○臣酉按裴充本傳漼乃充之子表以充爲漼之子誤

宣明○臣酉按北史裴延儁傳宣明艮從兄則慶孫之伯叔矣表作慶孫之曾孫誤

行儉○本傳仁基子表作思諒子誤

鴻智○臣酉按表乃客兒之弟則父名鴻琳子不當名鴻智

唐書卷七十一上考證

唐書卷七十一下

宋　翰　林　學　士　歐　陽　修　撰

表第十一下

宰相世系表

蕭氏出自姬姓帝嚳之後商帝乙庶子微子周封爲宋公弟仲衍八世孫戴公生子衎字樂父裔孫大心平南宮長萬有功封于蕭以爲附庸今徐州蕭縣是也子孫因以爲氏其後楚滅蕭裔孫不疑爲楚相春申君上客世居豐沛漢有丞相酇文終侯何二子遺則則生彪字伯文諫議大夫侍中以事始徙蘭陵丞縣生章公府掾章生仰字惠高生皓皓生望之御史大夫徙杜陵生育光祿大夫生紹御史中丞復還蘭陵生閎光祿勳閎生闡濟陰太守闡生冰吳郡太守冰生苞後漢中山相生周博士周生蟜蛇丘長蟜生逵州從事逵生休孝廉休生豹廣陵郡丞豹生裔太中大夫生整字公齊晉淮南令過江居南蘭陵武進之東城里三子儁鎋烈苞九世孫卓字子略洮陽令女爲宋高祖繼母號皇舅

房卓生源之字君流徐兗二州刺史龔封陽縣侯生思話郢州都督封陽穆侯

六子惠開惠明惠基惠休惠朗惠蒨惠蒨齊左戶尚書生介

介字茂鏡梁侍中

引字叔休陳吏部侍郎

德言秘書少監

沈太子洗馬

安節相王兵曹參軍

至忠相中宗睿宗

衡

衍

隨

元嘉諫議大夫

廣微工部員外郎

齊梁房整第二子鍇濟陰太守生副子州治中從事生道賜宋南臺治中侍御史三子尚之順之崇之順之字文緯齊丹陽尹臨湘懿侯十子懿敷衍暢融宏偉秀憺恢衍梁高祖武皇帝也號齊梁房懿字元達長沙宣武王七子業藻象猷朗軌明明字靖通梁貞陽侯曾孫文憬

文憬湖州司馬元祚鄉侯

萍誠司勳員外郎

		諒汝州刺史	直給事中	策檢校員外郎		
				節		
				華邵州刺史	嶙字應之	說字僧彌
					鄴字啓之相宣宗	晏字季平
						湜字文度
						昌字光祥
						韜字中蘊
						曙字象文
					峴	翥字文舉
	元禮湘州刺史	鹹虢州刺史				
		諼鄂州刺史				
		詮大理評事				

纂

梁高祖武皇帝八子統綱續繹綜績綸紀統昭明太子綱簡文皇帝也統五子

歡譽詧警譽

歡字孟孫豫章安王 崇望洛陽令

詧後梁宣帝 巋後梁明帝 琮隋莒國公 鉉集州刺史

瓛秘書監

瑑晉陵王 欽貝州刺史 昉

昭

瑱南海王 鉅 嗣德銀州刺史 煒

嗣業鴻臚少卿瑯邪郡公 希諒黔州都督

鈞太子率更令 灌字玄茂渝州長史 仲豫絳州刺史 賁侍御史

					嵩相玄宗				
孚均州刺史	晉汾州刺史				華相肅宗	悟大理司直			
	遇國子司業	顯東川行軍司馬兼御史大夫		巽起居舍人	恆殿中侍御史	倣字思道相僖宗			攸
		澣字明文	泳		俛字思謙相穆宗	廩字富侯給事中			庸字應之
						須字子登	益商州團練推官	頎字子光度支巡官	
						愿字文恭			

						衡太僕卿駙馬都尉	戡				
							復字履初相德宗	儉	鶱字鵬舉		
								湛	寘相懿宗	遘字德聖相僖宗	
									宥	邁字昌聖	
							巽				
							升太僕卿駙馬都尉	位			
								佩			
								儒			
								偲			
							鼎蜀州別駕				

				岌	巖安平王	岑吳王			
瑀字時文相高祖						瓚	球	琯	
銳駙馬都尉太常卿			鍇虞部郎中	鉞給事中			文朗秘書少監	膳衢州刺史	
守業衛州刺史	守道	守規		恕虢州刺史					憲亳州刺史
	籍襄州刺史	沔劍南西川行軍司馬兼御史中丞		定字梅臣太常卿					
建黔中觀察使						隱之刑部侍郎			

蕭氏定著二房一曰皇舅房二曰齊梁房宰相十人（皇舅房有至忠齊梁房有鄴嵩華俛倣復寘遘瑀）

竇氏出自姒姓夏后氏帝相失國其妃有仍氏女方娠逃出自竇奔歸有仍氏生子曰少康少康二子曰杼曰龍留居有仍遂爲竇氏龍六十九世孫鳴犢爲晉大夫葬常山及六卿分晉竇氏遂居平陽鳴犢生仲仲生臨臨生亶亶生陽陽生庚庚生誦二子世扈世生嬰漢丞相魏其侯也扈二子經充經秦大將軍生甫漢孝文皇后之兄也充避秦之難徙居清河漢贈安成侯葬觀津二子長君廣國廣國字少君章武景侯二子定誼誼生賞襲章武侯宣帝時以吏二千石徙扶風平陵二子壽邕壽護羌校尉燉煌南竇祖也邕南陽太守生猛定安太守二子秀敷秀二子丞林林後漢武威太守太中大夫避難徙居武威爲武威竇祖敷三子平年友融融字周公大司馬安豐戴侯生穆城門校尉駙馬都尉襲安豐侯五子勳宣褒霸嘉宣生尙以家難隨母徙隴右爲隴右竇祖嘉少府兼侍中安豐侯三子潛奉萬全奉子武特進槐里侯晉贈文嘉貞侯萬全襲

安豐侯二子會宗章會宗子孫居武功扶風章大鴻臚卿三子陶唐統統字敬道鴈門太守以竇武之難亡入鮮卑拓拔部使居南境代郡平城以閑窺中國號沒鹿回部落大人後得匈奴舊境又徙居之生賓字力延襲部落大人二子異他他字建侯亦襲部落大人爲後魏神元皇帝所殺幷其部落他生勤字羽德穆帝復使領舊部落命爲紇豆陵氏晉冊穆帝爲代王亦封勤忠義侯徙居五原生子真字玄道率衆入魏爲征西大將軍生朗字明遠復領父衆二子滔祐祐遼東公亦領部落三子提拓巖自拓不領部落爲魏侍中遼東宣王巖安西大將軍遼東穆公從孝武徙洛陽自是遂爲河南洛陽人三子那敦略略字六頭征北大將軍建昌孝公孝文帝之世復爲竇氏五子興拔岳善熾岳後周清河廣平二郡太守神武郡公與善熾子孫號爲三祖岳二子熾毅

熾後魏定安扶風二郡太守義安侯	洪景隋驃騎大將軍西河郡公	儀都水使者襲公	明哲河池郡司馬襲公	璿					

毅後周大司馬杞公									
照蜀郡太守鉅鹿郡公									
彥隋駕部侍郎襲公									
德明晉陵郡太守襲公	德素南康郡太守								
知敬常州長史襲公	懷文延安郡司馬								
思泰	思賺陳留令	承家右勳衛	思忠尋陽郡司馬						
	仙童		景容唐安郡司馬		景光	景詮		景俊恆王府參軍	
			千頃	萬頃		萬鈞	萬錫	論	建左武衛兵曹參軍
			敬						

承祖三山令	南容安康令	充猗氏令	
		瓚鴈門丞	昕
		霈江陵丞	工奴
		靈義川令	穆
			浦
		迥	
		伯金	
		伯玉	
		伯瑜平高令	
	西賓		
	東里河東丞		
思恭洪府錄事參軍	如璧東陽令		

思泰

懷哲武威郡都督

承基右衛中郎

儼扶風主簿

傑三水主簿

承禮

似

承慶安西副都護

偉左衛千牛

儆左金吾胄曹參軍

倩恆王府戶曹參軍

倫恆州參軍

佼太常寺太祝

儀同州司士參軍

					承孝夷陵太守	僎唐安郡太守	迥					
							逞					
							遇					
							逾					
							述					
						僑巴西郡參軍						
					承福	俊						
			德沖陝州刺史	積善榆林郡司馬	晉益昌郡司馬							
					宣新蔡丞							
					詵巴西郡參軍							
					崇樂安主簿	鴻衛城令	應復監察御史					
					敞神皐丞							

					岳						
				君布西令	南銑	卓太原府倉曹參軍					
					良弼						
				義積太常少卿	欽望中定令	廣成中部令	良縱綿州錄事參軍	敬常	豐		
								敬則			
								敬文			
							良友涇州錄事參軍	敬初			
							良杞				
						廣濟左一監丞	燈恒王府參軍				
							履霸忻州定襄府折衝	銑大理評事	公軌		
									公敏		

			義節虢州刺史							
			誠言左監門將軍							誠盈青州刺史
			庭蘭衛尉少卿			庭萱光祿卿				庭芝太府少卿
			霸	覃	遷左衛兵曹參軍	文剛城門郎	文仲光祿寺丞	文雄著作郎	及初名文舉朔州刺史	伯元會稽令
公佐	公甫	公亮								

									誠奢富平令		
				庭華中書舍人		庭蕙揚府長史	庭芳		子童漢陽郡參軍	子禹	子夏
伯昌江陵令	伯朗渭州長史	伯陽侍御史	伯良河陽尉	叔展太子正字左拾遺		申給事中	昱給事中		字		
				抗	晏同官令	宣孟長沙令	都師耒陽令	自正			

		德玄相高宗							
		懷讓密州刺史							
誠逸果州司士參軍		思恕字仁恕殿中少監扶風郡公				思純南唐郡司馬			
薇	蘼	津永樂令				潔	汲	温吏部常選	渟
		良矩朗州別駕	良緯夔府兵曹參軍	良輔	良逸蒲江令				

思亮榆林郡太守	詳清化太守	誠順
		誠信
		誠勖
	漢忠州長史	誠質
		誠家
		誠則光祿寺主簿
		誠愨
		良釗
		良顗
		良鎮射洪令
		良銛
思光蜀州錄事	濯吏部常選	

參軍

渾蓬山長史
艮俛

液

泌
寓

寰
餴能

宏

寘

宰

溥高山令

懷道
崇喜衛尉少卿

崇道廣陵郡太守
況

泳定州參軍
協

			凜涇州司功參軍	遂良	
		崇敏太常丞	凝		
	懷武弘農郡司馬	庭玉			
		庭瑜	采	泳朔方令	齊運
					齊物
		庭璠			
	懷恪天水都督	延宗舒王文學			
		延祚鄆州刺史			
		延福			
	懷貞相中睿	鼎			
德遠樂安縣男	知節永康令	崇宗成都尉			
		崇基			

						德洽將作大匠			
	知勛左金吾引駕	處常翼城令			楨幹相州參軍	全真永樂令			
思光		令瓌				令宗左衛翊府左郎將			
		固思光州長史	固言安邑府果毅	固信		胥知四門府別將	胥感安邑府別駕	胥言新津令	
						崇俊	獻誠太常卿	叔良太僕卿	晟
						萬		文工岳陽府別將	

	令琬蜀州司馬	昚盈		
	令琰大清府別將	昚微	鍠	
			澄	
	令玢			
	令琇兵部常選			
	令瓌兵部常選	眷非金吾衛大將軍		
		昚滔		
	令珍玉津府果毅			
至質江陰令	令瑜吏部常選	珣		
知約				
知軌	思貞成都尉	崇禮德陽郡司戶參軍	稱太常少卿	綱

繼

維

儒宗

明宗

知義胡子元臣

懷質榮

文殊隋儀同三司成都公

招賢隋遷州刺史杞國公

孝宣襲安城公

紹宣襲杞國公

德藏以孝宣子繼北海太守襲杞國公

靈運汾州長史襲杞國公

琛河東郡司士參軍襲公

温御史大夫

承胤濮陽郡參軍

覷揚州戶曹參軍

遂光祿寺丞

連大理評事

瓘		
珣華州刺史扶風郡公	液以弟子繼揚子尉	
琰北海令	嶠	
	泚	
	澄	
	淹	
璠		
琁灌津縣男	泫	
	潤	晉
	汪	
珪		
璆新平令		

							惠慈渝州司馬				
瑰靈安丞						璋	禹	詡華州司兵參軍			
淳	湑	洌	濯	洞	浩			嵩兗州參軍	崑		
									鄉吏部常選	郢	鄙

	詳		
	義方扶風郡參軍		
大智杞王府參軍	汕廣平郡參軍	琳	
	務	嵩	
		顏	
		鳳	仕俛
			仕品
	遲梓潼郡參軍		
靈勖魯王府戶曹參軍	欽	重客	
	鍔東流令		
	銑	鼐	

						旻平鄉府別將		
						昊寧遠將軍		
					敬	好客		
				靈挺信都郡太守	仙期麗水府別將	援	彝	榮
					仙鶴	捍		
					仙童	撫		
					仙客			
		鳳宣	志以姪繼襲神武郡公	靈感和蓋令襲公	昱延州戶曹參軍	灌		
						榮		
						涓安業府別將	偁	
							偃	
							求	

						汪兵部常選	
						涔道舉出身	
						隄新鄭令	
					昇岐陽令襲神武公	渙兵部常選	
						潤恆王府兵曹參軍	季倫
						泌戡黎府折衝	華聞喜令
							季初
						潮貝州司兵參軍	
善一名温西魏汾華隴三州刺史永富縣男生榮定							
榮定隋冀州刺史陳懿公	抗字道生相高祖	衍左武侯將軍	孝儉	畢太僕少卿			
			孝威				

	靜字元休民部尚書信都肅公			誕駙馬都尉華安公						
孝忠簡州刺史	逵駙馬都尉襲公	遜字克讓兵部侍郎	遂蔡州刺史	孝德蒸州刺史				孝立		孝沖
	松壽殿中少監			希玠禮部尚書華公		希璬蓬州刺史	敬賓河南少尹			
				錫	銳	銓滑州刺史		鎮右武衛將軍		
								顥	瑱洋州刺史	

孝臻夷州刺史			孝誠溪州刺史	孝果	孝諶潤州刺史			
瑾				維鑒水部郎中	希瑊字美玉太子少傅酅公		希球字國珍太子賓客冀靖公	希瓛字希瓘太子少師畢公
審言閑廄尉					鍊司農卿	鋼將作監	鑑	鉉太子左贊善大夫
戩	權著作郎	參相德宗					榮虞部郎中	
		景伯兼監察御史						

							孝禮良原令			
					希琬衛尉少卿		瑋遂州刺史	璉京兆少尹		
鍔駙馬都尉祕書監	濬涇王傅	沔壽王傅		讙陳王府長史	鋒太僕少卿			紹給事荊府長史	綜	綸
克恭		克良駙馬都尉	克温		昱隋州刺史	昆鳳州刺史		寓		

繹駙馬都尉衛尉卿

續

績奉先命

縯

級

良賓

林司封郎中

璒光祿大夫

虢

乂太府卿同正

幹

師綸太府少卿

尚義

贇道州刺史

尚烈

進右庶子

蒙太原令

鼎都官郎中

		師武	孝綽	憬	履庭梓州刺史	暄
					履信鴻臚卿	曙
						曖
			孝約開州刺史			
		師仁				
	慶	智純蒲州刺史				
		智弘	懷玉婺州刺史			
			懷昶	從之右司郎中		
				從光	靚	
					覬揚府長史	
				從昭江州刺史		
		智圓開州刺史				
	進字之推將作大匠	普行饒州刺史	總汾州刺史	弘儼屯田員外		

	鄧安公			郎		
熾周太保鄧公六子恭覽深嶷誼威						
恭後周雍州牧鄭國公	軌字士則益州都督鄭公	奉節駙馬都尉黃國公				
				克順將作大匠		
	琮晉州總管譙敬公	孝謙洛州刺史				
覽		孝永濟州刺史				
		孝鼎司勳郎中				
深	襲右武衛將軍	文表	季爽開州刺史			
			季安湖州刺史			至柔
嶷		德宗播州刺史				
誼		有意熊州刺史	元晦諫議大夫			
威字文蔚相高宗	惲岐州刺史	旻	詡棣王傅觀津公	顥撫州刺史		

竇武之後又有敬遠封西河公居扶風平陵孫善衡

善衡左衛將軍襲西河公	懷亶洪州都督襲公	胤同昌郡司馬襲公	叔向左拾遺	常字中行國子祭酒	弘餘黃州刺史
					藩餘字外臣
				牟字貽周國子司業	周餘祕書監
				羣字丹列容管觀察使	謙餘
					審餘
				庠字冑卿漳登信婺四州刺史	緜
					載
				鞏字友封鄂岳節度副使	景餘

			師裕
		端	
元昌九瀧令		洵直	
	或廬州刺史	易直字宗玄相穆敬	紳字受章循州司戶參軍
			從直兼殿中侍御史
			敬直

竇氏定著二房一曰三祖房二曰平陵房宰相六人三祖房有德玄懷貞抗參威平陵房有易直

陳氏出自嬀姓虞帝舜之後夏禹封舜子商均於虞城三十二世孫遏父爲周陶正武王妻以元女大姬生滿封之於陳賜姓嬀以奉舜祀是爲胡公九世孫厲公他生敬仲完奔齊以國爲姓既而食邑於田又爲田氏十五世孫齊王建

爲秦所滅三子昇桓軫桓稱王氏軫楚相封頼川侯因徙頼川稱陳氏生嬰秦東陽令史嬰生成安君餘餘生軌軌生審審生安安生恆恆生願願四子清察齊尚齊生源源三子寔劇邃寔字仲弓後漢大將軍掾屬文範先生六子紀夔洽諶休光諶字季方獻文先生生青州刺史忠二子佐和佐二子準徽準字道基晉太尉廣陵元公生伯眕建興中渡江居曲阿新豐湖生匡二子赤松世達世達長城令徙居長城下若里生丞相掾康康生盱眙太守英英生尚書郞公弼公弼生步兵校尉鼎鼎生散騎侍郞高高生懷安令詠詠生安成太守猛猛生太常卿道巨道巨生文讚文讚三子談先霸先休先

談先梁東宮直閣將軍義興昭烈公	曇倩陳世祖文皇帝	伯山字靜之鄱陽王	君範隋溫令	
			君通淄州刺史	矩穆州刺史
			君賓虔州刺史	
		伯固字牢之新	願萬州刺史	

		安王		
		伯仁字壽之廬陵王	蕃隋資陽令	
				挺綏州刺史
				岌長城公
		伯義字堅之江夏王	元基隋穀熟令	
			察文州刺史	
			憲忠州刺史	
		伯謀字深之桂陽王	鄷隋番和令	璿渠州刺史
				瓚黔州都督
		伯信出繼衡陽王西衡州刺史	法會梁州刺史	

疊璵高宗孝宣皇帝							
叔寶後主	叔英字子烈隋涪陵太守		叔堅字子成隋遂寧郡守	叔卿字子弼隋上黨通守	叔明字子昭隋鴻臚少卿		
莊字承肅隋昌陽令	弘	徽					某會稽郡司馬
蕃字承廣忠州刺史		元凱申州刺史	遺玉涇州長史		繹侍御史	宏邢州刺史	某晉陵郡司功參軍
							兼右補闕翰林學士
	履華夏州刺史			正循王傅			當監察御史

又有穎川陳忠不知所承

				叔彪字子華淮南王	叔達字子聰相高祖			
				瓊唐州錄事參軍	政德	玄德	賢德水部郎中	紹德
				彝左散騎常侍		仲方順州刺史		
				商字述聖祕書監許昌縣男				復盩厔尉
褎大理評事	京字慶復祕書少監		歸考功員外郎	峻	義少府少監			遼
	襃以從子繼鹽安令		翽					
	灌高安令							
	伯宣著作郎	伯黨						
	旺字野王	元史						
	機	徽溫州司戶參軍						

忠	邕	夷行字周道相文宗						
		玄錫						
			夷則		喜陵州別駕	閬陵州刺史	仲寓	光象
							昌誨初名黯	康乂
			夷實	翺字昭文				

陳氏宰相三人叔達希烈夷行

封氏出自姜姓炎帝裔孫鉅爲黃帝師胙土命氏至夏后氏之世封父列爲諸侯其地汴州封丘有封父亭卽封父所都至周失國子孫爲齊大夫遂居渤海蓨縣裔孫岌字仲山後漢侍中涼州刺史生暅暅四世孫仁仁孫釋晉侍中東夷校尉二子悛悛二子放奕奕燕太尉二子勸勸勸孫鑒後魏滄水太守二子琳回滑

回字叔念後魏尚書僕射富城孝宣公							
隆之字祖裔北齊右僕射富城宣懿子							
子繪字仲藻祠部尚書左僕射謚簡		子繡隋通州刺史					
寶蓋		德潤青城令			德輿隋南田令	德如隋河南王司馬	倫字德彝相高祖太宗
	智瞻	行賓	行高禮部郎中	梁客吏部員外郎中書舍人	安壽湖州刺史	元素戶部侍郎	言道汝宋二州刺史駙馬都尉
		廣城雍州司法參軍			玄景		思敏
		希顏中書舍人吏部侍郎					守靜渠州刺史
							利建
							夏時兼殿中侍御史

興之字祖冑後魏平北府長史諡曰文

孝琬字士禧北齊東宮洗馬

孝琰字士光北齊通直散騎常侍

君礭

君靜

君嚴

君贊

孝璋

君誕

叔廉光州刺史

悌

愔

君夷

道弘右司郎中虢州刺史

踐一

無待刑部郎中

希頤

亮司封員外郎杭州刺史

敖字頑夫戶部尚書渤海縣男

望卿字子踐

彥卿字峙元

翹字明

					踐福黃州刺史	道瑜	
					無遺	綽	士泰
						恩武邑令	松年
			貢			思業戶部郎中幽州都督	
挺卿字慎獨	舜卿字贊聖	煦卿字愛之	特卿字亞公	信卿			良弼京兆府士曹參軍
				渭字希叟			洄

封氏宰相一人 倫

楊氏出自姬姓周宣王子尚父封爲楊侯一云晉武公子伯僑生文文生突羊舌大夫也又云晉之公族食邑於羊舌凡三縣一曰銅鞮二曰楊氏三曰平陽

突生職職五子赤肸鮒虎季夙赤字伯華爲銅鞮大夫生子容肸字叔向亦曰叔譽鮒字叔魚虎字叔羆號羊舌四族叔向晉太傅食采楊氏其地平陽楊氏縣是也叔向生伯石字食我以邑爲氏號曰楊石黨於祁盈盈得罪於晉幷滅羊舌氏叔向子孫逃于華山仙谷遂居華陰有楊章者生苞朗款苞爲韓襄王將守脩武子孫因居河内朗爲秦將封臨晉君子孫因居馮翊款爲秦上卿生碩字太初從沛公征伐爲太史八子鶡奮鼿儵熊喜鷗魋喜字幼羅漢赤泉嚴侯生敷字伯宗赤泉定侯生胤字母害胤生敞字君平丞相安平敬侯二子忠惲忠安平頃侯生譚屬國安平侯二子寶並寶字稚淵二子震衡震字伯起太尉五子牧里秉讓奉牧字孟信荊州刺史富波侯二子統馥十世孫孕孕六世孫渠渠生鉉燕北平郡守生元壽後魏武川鎮司馬生惠嘏

惠嘏太原郡守	寧汲郡太守	鍾馗隋義城縣公	處綱秦州總管義城恭公	元景	
				元琪	若操陳州刺史

		烈平原太守					
		楨寧遠將軍					
	處樂隋洛州刺史	忠隋桓公太祖武元皇帝					
元約		堅字那羅延隋高祖文皇帝					
諲度支員外郎		廣煬皇帝					
孚刑部郎中		昭元德太子世宗孝成皇帝					暕字世朏隋齊王
黃裳		郁鄭國公			倓字仁安隋燕王	侗字仁謹隋恭皇帝	正道尚衣奉御
申侍御史		行基嗣鄭公					崇禮太府卿戶部尚書
		莘字德順嗣鄭公		懷讓			胥餘吏部郎中少府少監
		潤	温				岳少府監
			幼言嗣鄭公	敦駙馬都尉太僕卿同正員			

育矜戶部侍郎

諫岳州刺史

晉名洛陽令

觀王房本出渠孫興後魏新平郡守生國國孫紹後周特賜姓屋呂引氏隋初復舊後以士雄封觀王號觀王房

國後魏中散大夫

定幷州刺史晉昌穆侯

紹字子安後周驃騎大將軍黨城信公

士雄隋雍州牧司空觀德王

恭仁相高祖

思誼

嘉賓晉州刺史

思訓左屯衛將軍

嘉本左衛將軍

愼交駙馬都尉秘書監

泂駙馬都尉衛尉卿

悅駙馬都尉

沐

思納鳳州刺史

緘隋司隷校尉

思儉衛尉少卿

承祐右衛將軍

思約

承初

胤直萊州刺史

承令尚書右丞

宗兵部郎中

			績都水使者弘農公								
	思禮岳州刺史		思餉太子舍人								
	承緒鄧州刺史	承緘右金吾將軍	沖寂司僕卿								
福			令一吏部員外郎		懋安州都督	愿汝州刺史			恕工部郎中	志蘇州刺史	悠右司郎中
鼎			愷綿州刺史			廙贊善大夫	庭	序			
			俛			迪					
			崟	徵							

思禎		思止字不殆潞州刺史湖城縣男						
正基	正言陳州刺史	執柔相武后			執虛新安令	愛業美原令	執一朔方節度使河東郡公	
琮比部郎中		濬	湜太原少尹	滔兵戶吏三侍郎	涉資州刺史廣平郡公		濯隋州刺史	汪殿中侍御史
		蕙湖州刺史		藻				

										士貴隋道撫二
	縯		綱主爵郎中平阿公		恭道				師道相太宗	福蒲州
思昭膳部員外郎	思玄吏部侍郎	思敬禮部尚書駙馬都尉	思謙光祿卿						豫之	
			履忠殿中侍御史	履言	暹汾陰令					
				浘倉部郎中	譚廣州都督	䛆		護水部郎中		
						伯明	叔興	詢伯		

州刺史邢國公							達字士達隋納言始安泰侯			
刺史	鬱汾州刺史靜公		崇敬太子少師鄭懿公				緘			
	崇禮		志誠吏部員外郎中				全節			
			澂兵部郎中		泚左武衞將軍	均光祿少卿	知慶左武將軍	知運		
			默	黓				令珪漢州刺史		
	晤						詡尚書奉御	揩左衞將軍	援巴州刺史	
	損	漸							岳	岡

岱
嵇檢校員外郎
知亮集州刺史
知什
挹玉太僕卿
紹玉右衛將軍
遺玉鄭王傅
白澤孝義
至公
令禕司農少卿
令深商州刺史
知敬
孝仁濟汝二州刺史

孕五世孫贇隋輔國將軍河東公生初左光祿大夫華山郡公初裔孫播世居

扶風

太尉震子奉字季叔後漢城門校尉中書侍郎八世孫結仕慕容氏中山相二子珍繼至順徙居河中永樂岐徙居原武

播	珍後魏上谷太守					
炎字公南相德宗	真河內清河二太守					
朗殿中侍御史	懿洛州刺史弘農簡公					
	順字延伯冀州刺史三門縣伯					
	琛儀同三司平鄉縣公					
	汪字元度隋梁郡通守					
	令本庫部郎中					
	友諒昊陵令				志謙	
	珣宣州司士參軍				玄琰蜀州司戶參軍	玄珪工部尚書
	國忠相玄宗				銛殿中秘書監	錡太僕卿駙馬都尉
	暄太常卿	曉殿中少監	朏鴻臚卿駙馬都尉	晞太子中允		晅

		津字羅漢後魏司空孝穆公						
		愔字遵彥北齊尚書令開府王	暐字延孝後魏安南將軍	岐呂州刺史				
				行表長安尉				
				敏				
	志詮	復珪起居郎		冠時侍御史	緤字再思相武后中宗	亮字季昭鄧州刺史	潤字温玉國子祭酒湖城公	
玄璥國子司業	明肅少府監				禎司勳員外郎		回遂寧太守	
鑑湖州刺史					獻汝南太守		勉	炅遂州刺史
					和		垂	

昱偃師丞
歸厚右拾遺
略字殷薦

侃白水令
縝

紘

繪

綰字公權相代宗
弘徽兼監察御史

寂字玄之陝主簿

越公房本出中山相結次子繼生暉洛川刺史諡曰簡生河間太守恩恩生越恭公鈞號越公房

鈞恆州刺史越恭公
瑄字宣和西魏度支尚書
敷字文衍後周汾州刺史臨貞杜武公
素字處道隋尚書令司徒楚景武公
玄獎清河公
積善上儀同
崇本宋州長史

晤靈錢塘令
幼列寧州司馬
藏器三水丞
遺直濠州錄事參軍
發
櫟字文逸

假

收字藏之相懿宗
鑒字文通生弘字伯寬

鏻字文豪

鉅字文碩

嚴字凜之兵部侍郎判度支
涉字文川相昭宗生凝式

注字文台

洞字文遠

約隋萬年令脩武公

慎義安侯

							儉字景則西魏侍中夏陽靜侯	
							文昇	文休
岳隋萬年令蒼山公								處嶷
弘禮中書侍郎太府少卿	弘文駕部郎中	弘武相高宗					昉尚書右丞工部尚書	寶應華州刺史鴻臚卿
		元亨庫部郎中睦州刺史	元裕博州刺史	元禧台州刺史	元禕宣州刺史	元咸安州都督		維友工部員外郎
								志先戶部郎中
								佚
								鍠

鉞侍御史

寶琳

中敏郴州刺史

處相

恂左司郎中

文昇字文殊隋刑部尚書吳州總管樂昌縣侯

安仁德立

隱朝部陽令

燕客臨汝令

審

寧國子祭酒

汝士字慕巢刑部尚書東川節度使

知溫字德之荊南節度使

開物字熙之左拾遺

知遠字明之絳州刺史

及善字元吉西令

弘嘉

慕義

全慶岳陽令

				處卿字師皋京兆尹			
知至字幾之戶部侍郎				知退字先之左散騎常侍			
整字秉禮鳳翔從事	協字興樂	恪	貽德字垂裕永州刺史	贊禹字昭謨左司郎中集賢學士生澄字表徵	贊圖字光祐司封員外郎知制誥	緒	濟

	元孫字立之穎州刺史		知權字正之試協律郎		璠字後隱水部郎中	思方字立之鳳翔副使檢校吏部郎中
業	球字還寶度支宣歙院巡官兼侍御史	贊辭字彰史	甸字禹封司勳員外郎	恂字莊己常州刺史生道沖	安期字樂全	

										壇字坦之右拾遺	孫延史字昭文端州刺史
										堪字時之太子少師	承休字祐之刑部員外郎
									漢公字用乂天平軍節度使檢校戶部尚書	思愿字又聞韶州刺史	
										輝字景山	沼
										籌字本勝監察御史	寓
										範字憲之楚州刺史	瑄字秀文陝州節度判官
											玢字表文監察御史

	證字昭業涇州營田判官				知章字通微檢校金部郎中	篆字義圖司勳郎中	筠字禮潤給事中	邈
璨玉城令	珂字成美蒲令	廷輝	承鱣	符字信之侍御史		徹		

簇字廷儀

管

魯士字宗尹長安令

希古字尚之尚書右丞

徽

仁贍字濟之秘書監

峴字真川左拾遺

嶠

思賓忠武從事

敬福字退吉同官令

郁字堯之永和令

崇鼎

源幡字紀川兵部郎中

雍字昭化藍田尉直弘文館

志立

九思鄜州刺史

如權瓜州刺史

		文偉隋安溫二州刺史安平公						
	虔遜	榮						
		師武州刺史	泰駕部郎中	恪溫令				
				元表國子司業	元政司勳郎中			
思齊瀛州刺史					志玄殿中侍御史			
					成名			
					憑字虛受刑部侍郎京兆尹	凝字懋功司封郎中	凌	
					渾之	後之字謙人	敬之同州刺史	
					簡		戴字贊業江西觀察使	
					途字退至		迢字文通	邁字嗣古太僕少卿

	士積		安濟州刺史	纂戶部尚書長平公					
	緘都官員外郎將作少匠			守拙考功郎中	守訥倉部郎中汾州刺史	守愚雍州長史	守柔鄧州刺史		守挹岐州刺史
	言成商州刺史	魏成滁州刺史					祇本吏部郎中	踐本	勵本蜀州別駕
成規邈				頤職方郎中	普金部郎中				

寬字蒙仁周總管梁興等州諸軍事宜陽元公								
文紀字溫範隋荊州總管楊山恭公								
孝湛	孝儼							
弘業主客員外郎	弘毅洛州長史							
	瑾	珪辰州司戶參軍						
		冠俗奉先丞						
	鱸大理司直	太清單父尉						
	成器涪州刺史	於陵字達夫左僕射弘農郡公						
		景復衛尉卿	嗣復字繼之相太宗武宗					紹復字紹之
			損	授	技字昭文	拭字昭玉	撝字謙光	據字道叶
			溥字無尤生安貞字不忒安吉字垂則	然字公隱				

				孝怡膳部郎中太僕卿
			弘暕工部員外郎	弘冑水部郎中
		師復		
揆字知幾	拯字致堯	拙字藏用		

楊氏宰相十一人 恭仁執柔師道炎國忠再思綰收涉弘武嗣復

高氏出自姜姓齊太公六世孫文公赤生公子高孫傒爲齊上卿與管仲合諸侯有功桓公命傒以王父字爲氏食采於盧諡曰敬仲世爲上卿敬仲生莊子虎虎生傾子傾子生宣子固固生厚厚生子麗子麗生止奔燕十世孫量爲宋司城後入楚十世孫洪後漢渤海太守因居渤海蓨縣洪四世孫褒字宣仁太子太傅褒孫承字文休國子祭酒東莞太守生延字慶壽漢中太守延生納字孝才魏尚書郎東莞太守納生達字式遠吏部郎中江夏太守四子約乂隱漢

隱晉玄菟太守生慶北燕太子詹事司空三子展敬泰展後魏黃門侍郎三都

大官二子讜頣讜冀青二州中正滄水康公二子祚祐祐字子集光祿大夫建

康靈侯二子和壁振

和壁字僧顥
顥字門德政北齊左僕射後魏中書博士下將軍建射藍田公
康惠子康公

伯堅
希傑
敬言吏部侍郎
崇業

子繼
憲
蓋禮部郎中

丘
叔讓殿中侍御史

慈

光復天官郎中
僉職方員外郎

寧

寬

密

							察		
振	石安	志廉都官員外郎	正臣襄州刺史						
	表後魏安德太守	衡隋萬年令	元道汲令						
			仲仁		豫刑部郎中				
			季通宗正少卿						
			馮字季輔相太宗高宗	正業中書舍人					

泰北燕吏部尚書中書令二子韜湖

湖後魏寧西右將軍	謐侍御史	樹生	歡北齊高祖神武皇帝	廓字仁弘齊安王			玄景沂州刺史	元思吏部郎中	
			琛趙郡王	叡襲趙郡王裔孫正初	正初隋左金吾衞郎將	翰常州刺史	莊左驍衞將軍	武光字叔良晉州刺史渤海縣伯	昇右司郎中

翻字飛雀後魏侍御中散孝宣公								
岳字洪略北齊太保河清昭武王								
勸字敬德隋洮州刺史樂安侯								
士寧	宗儉字士廉相太宗							
	文敏字履行戶部尚書駙馬都尉							質行主客郎中
	琁循州司馬襲申公		瑾					
	紹考功郎中	術衛尉少卿	丕	遷祠部郎中				
昱			燭字時雍	子羽右司郎中			子平	
				曙	暄	曖		

真行左驍衛將軍					
嶠司門郎中	峻殿中丞蒲州長史				
	迴餘杭令				
	彪著作佐郎崇賢館學士				
	炅侍御史倉部員外郎	焦太原少尹兼御史中丞			
		允恭	少逸工部尚書	元裕字景圭初名允中吏部尚書渤海縣男子璩字瑩之相懿宗	允誠生錫望字時中暐字彙殷字贊禹

							嵊祠部郎中
	熊和州刺史	象魏州別駕					
		重字文明檢校戶部尚書渤海縣子					
殷生濟字德昌紋字魯昌		元經河南兵曹參軍	德明大理評事	光庭左金吾冑曹參軍	由庚華州參軍	公衡河中觀察支使生育字全之	

審行戶部侍郎
嶧廬州刺史
崙倉部郎中
嶸
惠恭邑州刺史

京兆高氏又有與北齊同祖初居文安後徙京兆

遂卿城令
寶滄州長史
伯祥右拾遺
郢字公楚相德宗順宗
定

晉陵高氏本出吳丹陽太守高瑞初居廣陵四世孫悝徙秣陵十三世孫子長

子長隋秘書學士
智周相高宗

高氏宰相四人士廉璩郢智周

房氏出自祁姓舜封堯子丹朱於房朱生陵以國爲氏陵三十五世孫鍾周昭王時食采靈壽生沈沈十二世孫漢常山太守雅徙清河繹幕十一世孫植後漢司空植八代孫諶隨慕容德南遷因居濟南四子裕坦邃熙號四祖裕孫後

魏冀州刺史法壽孫翼仕至鎮遠將軍襲壯武伯二子熊豹熊字子彪本州主簿生彥謙

彥謙司隸刺史	玄齡字喬松相太宗	遺直禮部尚書					階大理司直	詧字詠歸	重字慕武功尉	譔大理評事	從約
											從繹
											從絢
											從綰
		遺則									
		遺愛太府卿			絳	晦	凝字玄儉鄆州刺史				
						勳	克讓	鄴字正封			
							復				
				沼監察御史							

河南房氏晉初有房乾本出清河使北虜留而不遣虜俗謂房爲屋引因改爲

屋引氏乾子孫隨魏南遷復爲房氏而河南猶有屋引氏唐雲麾將軍弘江府統軍渭源縣公豐生卽其後也

倫後魏殿中尚書武陽公								
謨北齊侍中吏部尚書								
廣深	恭懿隋海州刺史							
	彥雲							
德懋兵部郎中	玄基倉部郎中	融相武后						
	元陽水部郎中	琯字次律相肅宗			璩少府監			
		宗偃御史中丞	乘秘書郎	孺復容州刺史	履	潔	覯成都少尹	興
			啓容管經略使					
由度支郎中			越					

		奉若	
		濟容管經略使	
		璋	
		瑜	
	昶中書侍郎客		
玄靜膳部郎中清漳公	肱	岳	
		巒都水使者	
		陟	
		武興元少尹	次卿字蜀
		式宣歙觀察使	
		岱	
		密諫議大夫	署光祿卿

				巖周平陽公
				勤朗州刺史
邑		岡	垂	
諶	說右司郎中		挺常州刺史	
全慶	夷則千里字鵠舉		諲字莊己	

房氏宰相三人 玄齡融琯

宇文氏出自匈奴南單于之裔有葛烏兔爲鮮卑君長世襲大人至普回因獵得玉璽自以爲天授也俗謂天子爲宇文因號宇文氏或云神農氏爲黃帝所滅子孫遁居北方鮮卑俗呼草爲俟汾以神農有嘗草之功因自號俟汾氏其後音訛遂爲宇文氏普回子莫那自陰山徙居遼西至後周追謚曰獻侯獻侯生可地汗號莫何單于闢地西出玉門東踰遼水孫普撥普撥生丘不勤丘不勤生莫珪莫珪生遜昵延遜昵延生佚豆歸自稱大單于爲慕容晃所滅生六子一曰拔拔陵陵二曰拔拔瓌三曰紇闍四曰目原五曰紇闍俟直六曰目

陳拔拔陵陵號阿若諺仕後魏都牧主開府儀同三司安定忠侯以豪傑徙居代州武川生系位至內阿干二子韜阿頭韜三子肱顥泰泰後周太祖文皇帝

阿頭生仲贈大司徒虞公生興襲虞公生洛

洛隋介公	裕	延	離惑	庭立並襲介公				
					覿御史中丞	鼎字周重	獻字昌言	
						瓚字禮用		

目原孫跋後魏羽真尚書居庸侯生直力勤比部尚書直力勤生賢

賢字大雅定州刺史	顥字法珍後周宕州刺史壽張公	敬字公輔隋禮部尚書平昌縣公	儉九朧令	節字大禮相高宗	嶠萊州長史	融相玄宗	寬	
							寧	
							審字審永州刺史	炫刑部郎中
							宣	

瑗

紹水部員外郎

又有費也頭氏臣屬鮮卑佚豆歸後從其主亦稱宇文氏仕後魏世爲沃野鎮

軍主玄孫盛

盛後周柱國濮陽公 歸 定及德州刺史 規光祿少卿 顥 實好時令

宿均州刺史

述隋左翊衛大將軍 智及

化及隋太僕卿

士及相高祖 某封城縣公

靜 福及 全志左司員外郎

順虞部員外郎 寰 巚

屺

宇文氏宰相三人士及節融

唐書卷七十一下

宰相世系表一下蕭氏出自姬姓○臣酉按下文云蕭爲宋後則子姓非姬姓也

戴公生子衎字樂父裔孫大心平南宮長萬有功封于蕭以爲附庸○沈炳震曰按樂氏世系云宋戴公子衎字樂父子孫以王父字爲氏與此正同則此之裔孫乃樂大心非蕭叔大心也按春秋宋萬弒閔公在莊公十三年左傳昭公七年樂大心見于傳自莊公十三年至昭公七年相去一百四十五年無緣樂大心得與平萬功封于蕭也又按莊公十三年傳蕭叔大心及武宣穆莊之族以曹師殺南宮牛于師杜氏曰叔蕭大夫名正義曰此是宋蕭邑大夫以此年有功宋人以蕭邑別封其人爲附庸故二十三年蕭叔朝公杜氏直曰蕭附庸國據春秋傳及杜注正義蕭叔不詳世系則蕭固非子姓卽姬姓亦未的也故以蕭叔大心爲蕭氏之始祖則可若指樂父之裔孫大心爲蕭叔大心則謬之甚矣

陳氏齊王建為秦所滅三子昇桓軫桓稱王氏軫楚相封穎川侯○臣酉按陳軫與張儀同事秦惠王後儀相秦而軫遂奔楚在秦滅齊前一百餘年今反以軫相楚在秦滅齊之後紕謬甚矣

嬰生成安君餘餘生軌○沈炳震曰史記陳餘傳不言餘父嬰祖軫諸家注亦無及之者觀于軫為建子則餘之祖父及子皆不足信矣自軌而下無論也

楊氏牧字孟信荊州刺史○沈炳震曰後漢書楊震傳拜荊州刺史者高舒也蓋以與牧連文故以牧為荊州刺史誤也

二子統馥十世孫孕孕六世孫渠渠生鉉○隋書高祖紀震八代孫鉉　臣酉按震當漢靈帝時前燕當晉成帝時相去一百七十餘年不應遽傳十七世也當從隋紀

順琛○沈炳震曰魏書楊播傳順四子長辨次仲宣測稚卿而無琛隋書楊汪傳曾祖順父琛而不詳其祖蓋琛乃順孫非順子也表缺一世

高氏歡廓○　臣酉按北齊書武成十二王傳廓乃武成子為歡之孫非歡之子

也

唐書卷七十一下考證

唐書卷七十二上

宋　翰　林　學　士　歐　陽　修　撰

表第十二上

宰相世系表

長孫氏出自拓拔鬱律生二子長曰沙莫雄次曰什翼犍什翼犍卽後魏道武皇帝祖也後魏法七分其國人以兄弟分統之沙莫雄爲南部大人後改名仁號爲拓拔氏生嵩太尉柱國大將軍北平宣王道武以嵩宗室之長改爲長孫氏至孝文以獻帝長兄爲紇骨氏次兄普氏爲周氏又次兄爲達奚氏又次兄爲伊婁氏改爲婁氏又次兄敦丘氏爲丘氏又次兄俟氏爲亥俟氏叔父之後乙旃氏爲叔孫氏疏屬車焜氏改爲車氏是爲十姓太和中詔自代北而徙者皆爲河南洛陽人嵩三子泰同敦泰征南將軍都督中外諸軍事生黃門侍郎大將軍延年延年生陝州刺史鄮國公儉儉生相州刺史昌寧公平二子道生道開道生太尉上黨靖王三子旃太一德一旃司空上黨康王生觀觀司徒上

黨定王生稚澄稚字幼卿西魏尚書令太師上黨文宣王二子子裕子彥子裕

右武衛將軍平原公二子紹遠兒

紹遠字師西魏大司空河中獻公	覽字休因後周大司徒薛公	淇普州刺史				
		寬	昭鄆州刺史	仲宣		鑄倉部員外郎
				庶幾	勗西河太守	
		龕房州刺史			子哲信安太守	
		操金部郎中樂壽安男	憲屯田員外郎			
			誼睦州刺史	丞屯田員外郎		
			鑒			湯
			詮尚衣奉御駙馬都尉			

兕後周絳州刺史平原公	敞宗正少卿平原男	元虎右監門將軍									
	熾隋戶部尚書饒陽公	安世	祥刑部尚書		孝紀左司員外郎						
	晟字季晟隋淮陽太守齊獻公	无乃左監門衛將軍清都郡公									
		无傲昌寧郡公									
		无憲兵部尚書薛國公									
			安業右監門將軍								
		无忌字輔幾相太宗高宗	沖祕書監駙馬都尉	延通事舍人	元翼宣州刺史	訓寧州刺史陳留縣公	釗福昌尉	守貞鴻臚卿	全緒寧州刺史	燧涇原營田判官試太子通事舍人	紹先

恭先

孝先

稚先

慥邠州刺史

凝刑部尚書

沍隰州主簿

守英

守廉

節

操

元冀

元遐

絢

頊

渙鴻臚少卿上黨郡公
詡
濬常州刺史安康伯
嘉平幽州司兵參軍
琮
瓌
琦
淹長水令安成縣公
温尚衣直長
澹太子洗馬
淨尚衣奉御
崇宗
崇一
崇信

	崇質
	崇賢
	崇順
徽成州刺史	瓚
	璉
	珪
	球
湛襄州刺史	
津尚衣奉御	
澤左千牛衛長史	璋
	瓊
	琓

				義莊邢州刺史
			无逸雲麾將軍鄅縣公	
		潤太常少卿金城縣子		
珩	瑛			

長孫氏宰相一人无忌

杜氏出自祁姓帝堯裔孫劉累之後在周爲唐杜氏成王滅唐以封弟叔虞改封唐氏子孫於杜城京兆杜陵縣是也杜伯入爲宣王大夫無罪被殺子孫分適諸侯之國居杜城者爲杜氏在魯有杜洩避季平子之難奔於楚生大夫綽綽生段段生赫赫爲秦大將軍食采於南陽衍邑世稱爲杜衍赫少子秉上黨太守生南陽太守札札生周御史大夫以豪族徙茂陵三子延壽延考延年延

年字幼公御史大夫建平敬侯六子緩繼他紹緒熊熊字少卿荆州刺史生後漢諫議大夫穰字子饒二子敦篤敦字仲信西河太守生邦字召伯中散大夫三子賓宏繁賓字叔達舉有道不就二子翕崇崇字伯括司空掾生鐖鐖爲伯侯魏河東太守豐樂戴侯三子恕理寬恕字伯務弘農太守幽州刺史生預字元凱晉荆州刺史征南大將軍當陽侯四子錫躋耽尹錫字世嘏爲尚書左丞曾孫惁二子楚秀秀二子果皎皎生徽徽字暐隋懷州長史豐鄉侯生吒淹

吒隋昌州司馬
如晦字克明相太宗
構慈州刺史
荷駙馬都尉襄陽公
楚客工部尚書
淹字執禮相太宗
敬
愛
敬同中書舍人東陽公
從則工部侍郎
自遠
繁
佐大理正
元穎相穆宗
審禮京兆少尹

								昌遠倚左衛將軍
							蔚字日彰	
		元降太子賓客						
敏求字千之	延雍字道光	審權字殷衡相宣宗懿宗						
		讓能字羣懿相昭宗		彥林字寧臣中書舍人	弘徽字範華吏部尚書	用礪字嚴臣		
		光乂字啓之	曉字明遠膳部郎中翰林學士					

			京兆杜氏漢建平侯延年二十世孫文瑤與義與公同房	瑤隋復州刺史				
		愛同易州刺史		玄道左千牛				
				含章定州司法參軍				
志遠				繹秀容令				縉京兆府司錄參軍
俾易州刺史	儋			孟寅侍御史	亞字少公檢校禮部尚書	鱗河南士曹參軍	平太子舍人	黃裳字遵素相憲宗
								勝字斌卿天平節度使
								庭堅字輔堯衛州刺史

					載				
				黃中峽州刺史					

襄陽杜氏出自當陽侯預少子尹字世甫晉弘農太守二子綝弼綝字弘固奉朝請生襲字祖嗣上洛太守襲生摽摽字文湛中書侍郎池陽侯生沖字方進中書侍郎襲池陽侯生洪泰字道廓南徐州刺史襲池陽侯二子祖悅顒

顒字思顏後周雍州刺史安平公	景仲鄜州刺史廣陽公	整	孝彝			惟慎監察御史			
			孝獎撫州刺史						
			孝弁	元惔左金吾將軍					
	景秀後周渭州刺史恩寧公	懿隋殿內監甘棠公	乾播	崇胤成州刺史	正義	望之溱州刺史	正心	齊之	南昇京兆功曹參軍
									南榮長安主簿

			乾祐	續主客郎中	知讓明堂令	慮	隋果州刺史					
						惠高陵令	濟字應物給事中京兆尹	匡				
								陟				
								緝				
								寧				
								楊				
					知謙邢州刺史							
			乾祚			操殿中侍御史	隒					
		遜柏仁令	淹本縣中正	行敏益州長史南陽襄公	崇憲益州司倉參軍							
					崇懿宮尹丞右司員外郎麗正	希頤右千牛						

殿學士

希望河西隴右節度使太僕卿襄陽縣男

信太子賓客

位考功郎中湖州刺史

液

佋詹事司直金城丞

尙

參

任河南府兵曹參軍

儒字巨卿武進主簿

佑字君卿相德順憲三宗

師損工部郎中司農少卿

詮字詮夫復州司馬

愉

承昭字子昌

羨延陵令避亂徙黃巖

宗之夏州司法參軍

詢字誠之河中府功曹參軍生鶚字遐舉秘書監二子光遜光遠

式方字考元桂管觀察使

惲富平尉

憓興平尉

悰字永裕相武宗懿宗

裔休字徽之

述休

孺休字休之

恂

悟泗州刺史

從郁駕部員外郎

牧字牧之中書舍人

承澤字浚之

晦辭字行之左補闕

惠祥字應之禮部侍郎

遵

顓字勝之淮南節度判官

无逸

淪字正猷

璘字文輝

供洪州長史

巨卿兼侍御史

行毓郊社令

行則游擊將軍

	景恭廓州刺史康城公	惠裕幽州刺史殿中少監安衆公	敬則邛州司馬	元同萬年尉	彥先率更令	
				元志考功郎中杭州刺史	逢時	伯卿
					暐殿中侍御史	繼
					信字立言刑部員外郎杭州刺史	師古懷州參軍
						承慶
						襲慶
					禮	
					佐	
					梅	

孝輔大理寺丞	度大理司直		
	與		
	賢		
	應		
	鸞		
	清檢校員外郎	師古吉州刺史	湘
			翔字擢木
		義符初名師義	
		師禮	翾字文垂
參謨陝州司倉參軍	寅京兆法曹參軍		
	綸水部郎中澧州刺史		
	嶠監察御史		

					元振	諒	
						誠	
洹水杜氏出自戴侯恕少子寬字務叔孝廉郎中曾孫曼仕石趙從事中郎河東太守初居鄴葬父洹水後亦徙居洹水五世孫君賜君賜生景宣明景生子裕							
裕							
子裕字慶延隋樂陵令	正玄字知禮豫章王記室						
	正藏字爲善隋行軍長史	志靜出繼叔正倫安福令嗣襄陽公	僑懷州刺史	咸涼州都督			
				損大理少卿	存左贊善大夫	占	
					介		
					廙鄭州錄事參軍死安祿山難	會左金吾兵曹參軍	

						正倫相高宗	正儀	正德
				戩				
冀太學博士	兼字處弘河南尹			羕刑部郎中				
	柔立天長主簿	詞立壽州參軍	諲立順宗挽郎	中立義武節度使	思立			

濮陽杜氏出自赫子威世居濮陽裔孫模後魏濮陽太守因家焉模中生亮

亮後魏陳留太守
伽北齊膠州刺史竟陵公
保隋鴈門太守
義博
仁端
元揆天官員外郎
希晏太子洗馬
華

萬檢校郎中

義寬滕王府諮議蘇州司馬

無忝兼愛祐

殷同陟字官令子遷

粱拯

順休兼殿中侍御史

鎮起居郎

慎行荊益二州長史正平侯

鵬舉安州都督

夔瑤太康主簿

鳳舉

鴻漸字之巽相代宗

收戶部郎中

翁慶

威

封

鼎丹王府長史

承志天官員外郎
暹相玄宗
孝友殿中監
延壽武進尉

孝孫

孝恭殿中侍御史

昱給事中

杜氏宰相十一人如晦淹元穎審權讓能黃裳佑悰正倫鴻漸暹

李氏武陽房出自興聖皇帝第七子豫其後爲武陽房

豫字士寧東晉西海太守
琰之字景珍後魏兼侍中文簡公
剛宣州刺史
充節隋朔州刺史武陽公
大通
道裕

大辯
直瓘德州刺史

						慧		
	充信	充穎後周滑州刺史流江郡公				充弼		
大亮右衛大將軍武陽懿公		義本宣州刺史	玄明濟州刺史成紀縣公	敬本豫州刺史	思本	嘉蘇州刺史		文楷殿中少監
守一庫部員外郎		詢秀字茂實相武后		璡恆州刺史	崇敏司勳郎中	虔緒洛州刺史	虔繹兵部尚書	
	法靜商州刺史	俊黃州刺史						
如璧監察御史								

姑臧大房出自興聖皇帝第八子翻字士舉東晉祁連酒泉晉昌太守三子寶

懷達抗抗東萊太守生思穆字叔仁後魏營州刺史樂平宣惠伯生獎字道休北齊魏尹廣平侯生瓌黃門郎生斌散騎侍郎襄樂平伯寶七子承茂輔佐公業沖仁宗承號姑臧房

承字伯業後魏滎陽太守姑臧穆侯					
韶字元伯定州刺史襄姑臧文恭侯					
璵字道璠北齊前將軍安城縣伯					瑾字道瑜後魏通直散騎侍郎文恭侯
					蒨之字蔓容北齊尚書考功郎中
					元儉
尚德都官員外郎			元恪冀州刺史	衆甫朗州刺史	義璹
士詹		慎機		引	
	季回忠州刺史	幼清			

義珙

義璋
紹鄭州刺史

整
震起居郎
晊

晉汝州刺史

義瑛
弼

顥兵部郎中

咸工部郎中

巢

義琛工部侍郎
縉吏部郎中
先婺州刺史

惟
長通州刺史

亘
瓊普州刺史

迪考功郎中

纁水部郎中
賓
喜

									行之字義通隋唐州下溠郡太守固始縣男
	武卿								夷道
	玄德慶陶令								
	義琰相高宗	義瓘	義璡						
準	起		融	恆殿中侍御史				昭一作照	
	詢甫主客員外郎		稹河內太守	回工部員外郎	賜都官員外郎		元澄泉州刺史		
		敷同州刺史			耿	沆			

玄道秦府學士常州刺史								
正基太子舍人								
覃字景信給事中								
成裕秘書監								
揆字端卿相肅宗								
與公侍御史	佐公河中少尹							次公殿中侍御史
	元陟畿尉	元賓右衛兵曹參軍	元易監城令	元贄太僕卿				元夔宗正少卿
	歸魯兼殿中侍御史	絢長壽令	歸文滄州節度判官	檢河南少尹	冉右司郎中	儉	衡補闕	岫殿中侍御史

			衡	均之	忐之				
	幼公杭州刺史			隋秘書監	上公秘書監				
元周王屋令	元裔奉天令			正範庫部郎中	景素太子庶子			景回國子司業	申
	愔	汾		樞	蔚字茂林相僖宗三子涯禮部侍郎洵福建觀察使詵字殷澤	縉字權化	鷟字圖南	勗	繪字德彰

弘甫宗正卿涇原節度使
混字巨川池州刺史

皆司封員外郎
震泉州刺史

咸績虞部郎中

虬
益祕書少監
當刑部尚書
藻尚書左丞

拯字昌時

敞

崇

奕

成式淮南道採訪使

亨字嘉會淄州刺史
成性太子右贊善大夫
榮潤州司功參軍

										凝之字惠堅光州中從事
										君志
				雲將尚書右丞						
				晏	絳滑州刺史	繕	締諫議大夫	維		
		成毅文學	成紀	顏					仲華庫部郎中	
挺監察御史	慶越州參軍	表		歸期						
				逢吉字虛舟相憲宗						

君範	孝深				
			詢執	汨商州刺史	
				涉美原令	
君徹		元珍	構泉州刺史		
君可					
君昪	稚州倉部員外郎	夔	嚞	準監察御史	
		思言	寔		
		惇	光庭		
君德					
君平冀州刺史					顓蘇州錄事
				佋袁州刺史	

					彥字次仲後魏秦州刺史諡曰孝貞			
瓚字道璋後魏司徒參軍事					燮字德諧司徒府主簿	爽字德明		
修年大將軍開府士曹參軍事					士萬高都太守	元相		
			俊					
玄表思誨庫部郎中潁州司馬					大壽袁州參軍			
					傑	乾昇秦府戶曹參軍		
炅	獻	彊	昕司門員外郎			岑水部郎中眉州刺史		峯開州刺史
			翥		翩	舟字公受虔州刺史隴西縣男	丹亳州刺史	巨司勳員外郎
				悤洋州刺史				權寶字子重

博

伏陁

崇基尚書左丞權御史大夫

景融

康時

景昌

操

虔字叔恭後魏驃騎大將軍高平宣景男

喚字仁明尚書左外兵部

裒章武郡守

德基亳州法曹參軍

思文同官丞

況

防右衛長史一作昉

玄就右神武軍參軍事

玄成試太常寺協律郎

玄度

玄爽

洌

凝

				晧字仁昭後魏散騎侍郎		曉字仁略北齊廣武東郡太守		
				士操北齊儀同開府參軍事		超字仲舉隋冀州清江令		
						太師字君威渤海郡主簿		
						慶孫	正禮元瓚	利王元道
				昇期給事中				
潔	涼	憑	象字師湖南團練觀察使左散騎常侍	何汜水令	儋殿中侍御			
			玄頤					

					行師邛州刺史虞部員外郎				
			延壽符璽郎	安世	玄運		玄乂潤州刺史		
		元德			元璥濟州刺史		尚義右庶子揚州刺史	叔儀	
位房州刺史	緄殿中侍御史	光遠			推	禎		庭言楚州刺史	
		構				鋋		恭 懿	
								榮 實	休
									弘式
									龜圖字玄錫

								蕤字延賓後魏司農少卿
							季遠	
玄約	玄挺相州刺史							仁璹衡州刺史
	尚虛	尚詞申州刺史						
		俠	欽回	中庸	昭	踐中臨汝太守		
鎔陵嘉二州刺史					瓚			

丹陽李氏晉東莞太守雍長子曰倫五世孫文度西涼安定太守與族人寶入

後魏因居京兆山北

文度						
權後魏河秦二州刺史杜縣公						
崇義後周雍州大中正廣和復硤殷五州刺史永康縣公						
詮隋趙郡太守臨汾襄公						
藥王	修行汝州刺史	靖字藥師相太宗				
修志		德謇太府少卿	德獎			
元慎洛州刺史						
			俊嘉州刺史	湜	汗	沅兼殿中侍御史

客師左領軍大將軍幽州都督丹陽郡公						正明右衛將軍	
嘉字大善隰川令襄公		大惠		大志右金吾將軍		志覽	志貞
守節　化令	思孝夏州都督			令哲會州刺史	令問殿中監宋公	慶遠	
		炅					
		鉷儀州刺史	琛				
			正封字中護監察御史				

偉節隋司隸州刺史
乾祐刑部尚書
昭德相武后
元紘
餘福監察御史
漢騎都尉陵降匈奴裔孫歸魏見於丙殿賜氏曰丙後周有信州總管龍居縣
公明明生粲唐左監門大將軍應國公高祖與之有舊以避世祖名賜姓李氏
粲
寬奉常正卿隴西公
道廣字太丘相武后
元綜屯田郎中荊府長史
舒工部郎中
莒
元繹都水使者
元紘字大綱相玄宗
有季
有容
有功
元緘鄆州刺史

	旻紀王府參軍	承業絳州刺史		
		承嘉御史大夫襄武郡公	希逸左率府兵曹參軍	
			希遂涇州司馬	
			希遠同州司兵參軍	

隴西李氏後徙京兆

嵩岷州刺史	思恭洮州刺史	欽左金吾衛大將軍	晟字良器相德宗	愿河中節度使
				聽光祿寺主簿
				總太子中允
				愻左神武軍大將軍

憑右威衛大將軍

恕光祿卿

憲嶺南節度使

愬檢校左僕射同平章事

懿渭南尉

聽字正思檢校司徒涼國公

琢左神武將軍

璋太常寺太祝

瑾

			惎左羽林軍將軍	愨嵐州刺史
璿侍御史內供奉	琭左千牛衛將軍	瓊福昌尉	璀光王府參軍	

隴西李氏定著四房其一曰武陽二曰姑臧三曰燉煌四曰丹陽宰相十人武陽房有迥秀姑臧大房有義琰蔚揆逢吉丹陽房有靖昭德又有道廣元紘晟

趙郡李氏出自秦司徒曇次子璣字伯衡秦太傅三子雲牧齊牧爲趙相封武安君始居趙郡趙納頓弱之閒殺牧齊爲中山相亦家焉即中山始祖也牧三子汨弘鮮汨秦中大夫詹事生諒左車仲車左車趙廣武君生常伯遐遐字伯友漢涿郡守生岳德文班岳字長卿諫議大夫生秉義秉字世範潁川太守因

徙家焉生翼協敏敏五大夫將軍生謨道朗謨字道謀臨淮太守生哆華旭哆字子讓上黨太守生護元護字鴻默酒泉太守生武昭奮武字昭先東郡太守太常卿生讚修奕就修字伯游後漢太尉生諒叔訓季諒字世益趙國相生曆字元禮河南尹生瓌瓚瑾瑾字叔瑜東平相避難復居趙生志恢宣恢字叔與生定臺獎碩定字文義魏水衡都尉漁陽太守生伯括機叔括季括機字仲括太學博士臨江樂安二郡太守生羣瓌密楷越楷字雄方晉司農丞治書侍御史避趙王倫之難徙居常山五子輯晃芬勁叡叡子晶兄弟居巷東勁子感兄弟居巷西故叡爲東祖芬與弟勁共稱西祖輯與弟晃共稱南祖自楷徙居平棘南通號平棘李氏輯字護宗高密太守子愼敦居柏仁子孫甚微與晃南徙故蟲故輯晃皆稱南祖晃字仲黃鎮南府長史生義字敬仲燕司空長史生吉字彥同東宮舍人生聰字小時尚書郎二子眞融

眞字令才中書侍郎
紹字嗣宗殷州別駕
義深北齊行梁州刺史
陶駼隋絳州長史
政藻宜州長史
叔脩刑部侍郎
懋道左司郎中

		政起				政期水部郎中		
		行沖駕部員外郎	行敦離狐主簿			素立蒲州刺史高邑平侯		
游道相武后	諧道		懷一晉陽尉			休烈鄴令		
景宣台州刺史	景祐婺州刺史		雍門湖城令			鵬字至遠璧州刺史		
球			湜	澥字堅水刑部侍郎	陽冰將作少監	翕字玉田考功郎中		燾左衛錄事參軍
			塤三原令	騰隰州刺史	服之	承山南東道節度使	曄	
						潘		

載河陽令

昇遠水部員外郎

雄

飛

矩

封左補闕

從遠黃門侍郎趙郡懿公

巖兵部侍郎贊皇縣伯

則河南少尹

範

威

盛

常同安郡別駕

申恆王友

希遠晉陽尉

弁揚州左司馬

峴盧江令

固言字仲樞相文宗

權河南功曹參軍

悅一子
出身

規壽州
刺史

將順袁
州刺史

覲

覿

觀

昌遠
美

素
誠

融後魏中
書侍郎

蘭
集

公昌給
事中

令
莊

義之後有萬安自趙郡徙于管城

萬安
鄒平項
郡丞

日知相
玄宗

雍尹太
原府司
錄參軍

玄之洪
洞令

彬新
野尉

彤吏部
尚書

彩太康
尉

彣

彧

伊衡

南祖之後有善權後魏譙郡太守徙居譙生延觀徐梁二州刺史生續

續馬頭太守

顒達隋潁州刺史

遷德州刺史

孝卿轂州治中

敬玄相高宗

思沖工部侍郎

守一成都鄖令

晤金壇令

紳字公垂相武宗

閈水部員外郎

無逸算曹博士

復

圭

肱

乾祐建州刺史

羔容管經略判官

旻

孝

運

晦

悅字敬一

惠子

希言禮部侍郎

縱金州刺史

紓字仲紓吏部侍郎

修

寬中字子量

綽字肩孟

昌謀字慎機

元素相武后
志德隴州刺史
構

東祖叡字幼黃高平太守江陵寧公生勗字景賢頓丘太守大中正生頤字彥祖高陽太守武安公四子：總系奉曾

總字少同蘭陵太守
靈字虎符後魏洛州刺史鉅鹿簡公
扱字祚定州刺史鉅鹿貞公
悅祖中山太守高邑伯
瑾字伯瑜大司農卿文公
子服陽翟太守
伏惠主簿
世起深州司兵參軍
承真廬州司兵參軍

挺秀

敬叔後周聘陳使義陽太守
君昂濟陽長
仁方洛陽尉
玄乂

玄本

仁則

仁表

君素

君節

子智晉陵太守
孝儼
文幹冀州司法參軍
儼務

儼幹

華後魏中山太守
敬義散騎常侍
仲通陽平太守
孝端隋獲嘉丞
知本夏津令
徽富平尉
處玄棗彊令

恕襄陽令
錫長洲丞
允
宗

道宗

紘曲阿尉

鈞蜀州刺史
怦

銳

銓經城尉

玩

懸度支郎中	處厚	同悅	
	處實	渙	
		融	
	處直給事中	南榮	孫閱檢校郎中
		西昇	
	處沖櫟陽令	悌	
		仙壽	
	處恭	明道	
		言道	
		勤道	
		謀道	
	處虛方城尉		
思萊州長史	瑱揚州長史	胡	

琡襄邑丞			珂澤州刺史								瑝西平令
冊	良	韶太子通事舍人	涉	擇	漪	瀾	汪	從	徵	覲監察御史	芳無錫尉

			湲武昌尉
		璞九隴尉	滔
		璥曹州參軍	
知隱伊闕尉	慈櫟陽丞	垣隰州刺史	光輔
			光弼
		旭雲陽主簿	光復
			光宰
	愍明堂尉	顒給事中	宗鄭州參軍
			寧涇州參軍
			寀江州刺史
			安石
	志沂州刺史	全雧洋州刺史	載
			衡

嘉

全昌光祿少卿
登懿德太子廟丞

寰

同復潞城令

全交忠州司馬

孝徹
知約偃師尉
審度左補闕
諒

誕

延世趙郡太守
子真
長卿
玄操

玄乂

喬卿

子遠騎兵將軍
君信
素臣曲阿尉

君壽安州司功參軍
思恭

					綜行河間郡				
					遵字良軌後魏度支郎中謚曰簡				
					渾字季初北齊海州刺史涇陽縣男				
					汪字處季廣宗令				
					國寶	世寶河南郡東曹掾			
君武尉州司馬						友益中書侍郎			
無思	處靜	僊童	思貞	崇憲		元恭初名豫工部郎中	元休	元甫	元儉路州司功參軍

								承偃			
							智積海陵令	元嗣			
								元符			
						人寶真定令	損之洛州總管府典籤	守禮			
								依禮			
								元貞			
				繪字敬文北齊博陵太守謚曰景	君璋雍丘令	師表黃安令	挺立梓州司馬	承家			
								承愨			
				緯字乾經北齊太子家令謚曰文	立言	納義考城令	常				

均字善德後魏趙郡太守									
瓌字世顯恆山太守始豐懿侯									
元茂徐州刺史襲始豐順侯									
子雲字鳳昇鉅鹿太守									
道宗直閤將軍駙馬都尉									
山壽北齊兵部郎中									
仁則	文尚華州司功參軍		仁贍梁州長史			全壽監察御史			
	玄奬	玄福	玄祐瀛州司戶參軍	玄恩		元楷慈丘令	元規	元軌	元謹
				察少府監	寔				
				光之					

宣茂後魏幽州刺史謚曰惠

籍之字修遠司徒諮議參軍

徽北齊濟州長史迎勞使尚書右丞

紳隋介州刺史

德饒字世文司隸從事

高行曹州刺史

延慶

元瑒

元琰嘉興令

鉉

元瑜

高節福慶襄

泉尉城主簿

道長

鎬

鈞

鍰

元瑾衡陽尉

蕚

王戎

王喬

王烈

											王粲
									思義		
									思敬		
							德範魏令	弄璋	思安		
									思玄		
								啓期			
								楚人			
								啓方			
								玄昶			
								延年			
								高亮			
								玄威			
								玄乂			

	德晏洛陽令										
玄靜	玄同度支員外郎										
	翫給事中										
	迪					述	逵肇令		遜猗氏尉		
	詠	颯	訊	諍	諫	岡恆山府司馬	議	老	計	識	守義

								公緒字穆叔後魏冀州司馬棄官賜號潛居公
								少連邵州司戶參軍
								守沖
		恁湖州司馬						
	迴	延喜潭州司戶參軍	逢				懃博州司功參軍	
守物			遙	建	建婺州司戶參軍	進		

					遜越州功曹參軍		概字季節北齊并州功曹參軍
					賢	莊生	山圖
守玄	守忱	守素秦王府學士天策倉曹參軍		延祖			
	公召亳州司戶參軍	乾悆上洛令		仲將			
		仲宣德州刺史		映宛丘令			
		暉	辨巴州刺史				

志之郢州刺史	雄青州刺史	公節上蔡主簿	行詡將仕郎	元慶昭陵令
			行禮	
			行純	
			行指	
	季璵			
	季略			
粹之步兵校尉	士高征虜將軍	公倹	輔仁箕州司法參軍	
		公輔	輔義單父令	
			輔智九隴主簿	
	士儀			
	士章			
	士政			

	叔胤南陽魏郡郡太守太守									
士逵	士瑜趙郡功曹			士璜	士瓘趙郡功曹					
	孝慈				祖忽	仲忽師信				
	德源丹川尉		德逸							
	儀王	儀道				神景虔州司法參軍				神懿
						楚珪象州司法參軍	楚璋	楚璧	楚筠	
						兼金安德丞				
						詠				

翼定州刺史			仲胤光州刺史						
			敦散騎常侍						
幼達德廣郡太守			述瀛州鎧曹					固本州主簿	
積善本州主簿	昭善	萬善	善慶汴州總管府長史		仁元虔州刺史	善昌		多能	
玄恭			行充陽翟令	全節唐州司馬		玄紀	玄明潭州司倉參軍	客師富水令	
				奉兊					湛然屯田郎中

系字和叔後魏平棘令追封平棘縣男								
順字德正四部尚書高平宣王								
式字景則西兗州刺史濮陽侯								
憲字仲軌揚州刺史襲濮陽文靜伯								
希遠字景沖散騎侍郎新豐文公								
祖悛左衛將軍襲濮陽文公	君約	君穎	君弘趙郡主簿					
君策胤卿考功高陵郎中尉			師太恆安府旅師	師稚字孝仁隋謁者臺將仕郎		師仲		
			齊彥	玄素丹山簿			閑善	收善
				審言	審義			

							惠善					
						君亮						
						君儀	玄度					
							光悅	子游				
								子貢				
								子哲				
							嘉壁	濞				
								滋				
							玄惲					
						稚昌青州司法參軍						
						君威青州司戶參軍						

君褒

希宗字景玄北齊行上黨太守文簡公
祖昇齊州刺史貞烈公
德璉殷州刺史以祖損子繼
師旦右領軍錄事

師素

師喬臨渙令

師蘭上柱國儀同三司
元穆曉
炅
金

覺

睞

皎

晤一作盱

晦

元悅昕
鐃

			元恩常山令								
	嘉休	皡	畯桂州司馬	暄長州主簿				鈞泗州司倉參軍			植廣州司兵參軍
銳				涇	渭	滏	灞	濟	潛	遲	

祖勳北齊右僕射丹陽文孝公	祖納北齊光祿卿							祖揖北齊冀州別駕忠公		
德璋隋寧州司戶參軍	德瑞江陵令					德玘	德挺州主簿	德琎隋司徒長史		
知仁	胡麾	正節	正度	正美	正禮		政感	行敏左威衛長史	行矩嘉州司馬	
釋意							禪師上騎都尉		玄慶陽武主簿	
							璡		怡	

										祖欽隋總管府長史南縣子
										德琰
										文範
					玄起鍾山令					
悌		惲監門衛曹參軍				悅蘄春令	守虛和津尉		協溫王府參軍	
濤	彥芳	詞			諫城固令		津	深臨安尉		
		偶尉氏令	俌	巽						

	文則潁州司倉參軍	延福光山丞	昱清平令	
			翁壁新野丞	
			禹南和令	岫
		嗣福監門直長	景祥	珹
				琇
		嘉福餘干令	曜皐平尉	
		彝福	寄客	俛
德璋鄂州司戶參軍	文敬內鄉丞	震溧水尉	昭武進丞	
			紹櫟陽尉	預
			循來庭尉	暘寧陵尉
			宏左補闕	

		奕字景世後魏都官尚書安平侯				
		慶業館陶令				
		祖稱字叔衡征虜將軍	希仁字景山北齊太子詹事璽武文昭公	希鸞字希義後魏黃門侍郎文惠公		
		孝深	公源 襲男	元卿隋淮陽令		
	德璞河間丞		善願右衛倉曹參軍	大倫散騎常侍		
	表慶左羽衛		彥之羽衛尉	承嗣鳳州刺史		
	同十壽陽令			紹先洛州司戶參軍		
寔內鄉丞	齊志偃城尉			嵇當塗主簿	代鄱陽尉	金武康尉
				壽餘	君既單父丞	文炳

奉先義王文學
巒碭山尉
芳時

欣時

昌時

嵒大理評事

嵒
緄臨海尉

約

嶅

仚澤州司士參軍

岳澧州司田參軍
可瞻

岀蘇州參軍
鄗

郇

鄒

亞全柀尉

祖先宮門郎
嵩壽昌令
曾彭城丞

大儼

大衍雲夢主簿
惠登
辟惡

恭禮

敬節

敬業

敬道

敬瑜潞州錄事參軍

處惠

仲卿中山王開府諮議
文琬

文立右衛翊衛
公會朗山尉

文政虢州別駕
思過涇陽丞
南容周王府隊正
忠順

當璧
凝

愼淮陰令
貞道

晉客司農卿元氏縣男
貞悌懷州司馬襲男
昌
敏子

賁子

岧
混

儒子

蕚揚州別駕
湯

清
楚

縝

			泳建德尉		源河間丞	汾嘉興令			
絢	泱睦州司倉參軍孫孟嘗信陵穎士	汪	昕義烏尉	懽生若愚憑蘇州司法參軍	璟無錫丞	正諫	正規	五福	得一

上士

濬武康令
復慶常州司戶參軍

岑
和睦

珍

樽

貞簡司農卿
崗成武令
長倩

元善
絳字深之相憲宗生璆項瑋璆河南府司錄參軍生隱字巖士項衢州刺史生軒字德輿𨀂字
襄州

錄事參軍	
致之軫字輝之璋字重禮宣歙觀察使生讜兒左庶子愼徽德鄰字朋言少微德休字表逸相如令	經司農少卿生瑜戼況璩義揖瑜生怡忻怡湘潭尉忻生連慶戼江陵少尹生琚蓬防琚石山令蓬辰州刺史

長裕
鄱陽
令

緯雲都令四子璥顓陶瓊璥唐興令二子崇規崇矩崇矩生敬通延通教通乂通俊通顓生崇丘崇鼎陶率更丞生崇節瓊建

綃江西觀察判官生珮揚州參軍琡彭澤主簿玩虔州分巡官

防潡州刺史生覽畫

				文乂鄭丞	文友東城令				
					守仁永年丞				
		貞恕大理評事	佺		同愛	愔	恪安平游擊將軍		
	貞孫京兆府法曹參軍	嵩平原主簿					撙右衛親王府郎將	抗濮陽司戶參軍	相茂州參軍
	峯和州司戶參軍								
德丞生崇威崇龜									

憬秦州刺史	拯長洲尉	象	
	釭	幼復	
	陟		
文立九門令			
希禮字景節北齊信州刺史文公	孝貞字元操隋馮翊太守武安縣公	賓王太子舍人	
遵王			
讓王字擒道襲武安縣公			
師王			
來王散騎常侍	思諒金部郎中	敬忠許王府典籤	晈

昭	暕都水使者						
	瓊易州參軍	震大理丞					彬
		端臨川尉生虞仲字見之中書舍人	珉瑴 熟令	爽一名顛	韶	戎生 殷正 範	

		敬節洛州司士參軍			
		晧許州司馬			
	龜年京兆府司戶參軍	松年常熟尉			昂倉部員外郎
鎡河西令	鈞臨潁主簿生存範存誠存範檢校金部員外郎生屬濮陽主簿存誠中牟尉		房陸渾尉	翼	胄比部郎中生乂重乂監察御史

									曉	昕汴州長史		
				鶴年和州司馬						逢年司農卿		
鉉	涇	溆	鉷餘杭主簿生存亮	湜	清河州長史	涉	涚		鉅綿竹丞	鎮越州參軍	鋗

				鑄越州錄事參軍
				鏑
				鐶
				錞河南參軍
			堯年會稽令	銳
				鋒
				錢
				銛勾容尉
思言堂邑令	徽玄平陽令	子公		
	敬本		回	
	敬一	遲		

		濯
		潤
敬同		
敬宗	暉南充尉	柏舟
	晦	
	望僊	
	夢周	
	浮丘	
敬之鄭王騎曹參軍	少彌頓丘尉	
	晞	
	曎	
敬彝宣城令	昶南皮尉	

敬臣 愿 恕
懷
盈 倚
運
檀陀
僧伽 偃
倨
允王武安尉 崇業滑州司戶參軍
崇德給事中 謙定州長史 迅襄城丞
迥臨汾主簿
造左威衛錄事 幼積
繼武

誠大理少卿	進樂壽令		
	選常州別駕	彥太湖令	儒
			處厚
		哲常州錄事	士約蕭山令生邠
			從約錢塘令生郜郁郇
		臻洪州參軍	摽
			端友
		況	
		湑	
		沘	
		洽	

湛

渙左金吾兵曹參軍

符

湍

渢閬尉

坦

埴

諶鄂州司戶參軍

遷益都令

堅

孟宣蘇州錄事生鵬鎬鐵擢損勗勔叔丕武式

適安州錄事參軍

逢栢城令

還大理評事

孝基隋晉王文學										
野王魯										東王衡水令
鎮惡襄郡功曹城令										守文
偘台州司法參軍				嶠字巨山相武后						蘭客蔚州長史
邵鄖城令	晀冀州刺史	晤伊闕尉		暢相州刺史	裕海州刺史		粲濮州刺史	懿華陰郡太守		奉祕
	惟賢	惟微淮陰令	惟清監城令	惟和大理司直	惟寧	惟成		惟岳監察御史	惟乂新安主簿	
			伯容	琰合肥令生長倩						

奉胤

奉胄

邵

彥輔固
安丞

彥莊

守節

孝俊隋壽王司
清池令勳郎中

翁父

翁孫

翁叔

勤王襄
令

世徵零
陵令

嘉祚衛
州刺史

渙美原
丞

銑

道遇

胐壽王
府參軍

濬鄆州
長史

鈷南梁
州司功
參軍

聽希屯
田郎中

						覲王晉州刺史				
						休徵東安主簿以勤王次子繼				
						嘉會	嘉淳	嘉婁		
	況右衛長史	仕河池郡太守					多侯	演	珩	仲子
		鍠金吾錄事								
端饒州刺史生域		琟	珣	璪饒東主簿	瓘江陽令					

贊王蘭州長史濮陽男	處約		
	處祕		
	處義都水使者	楚	華
	處恭烏江令	環睦州司馬	銳
		璲括蒼尉	釗
			鐶
			釴
			鎬
		班屯留丞	鍠
			鎮
			鉥
			鍾

										孝威隋大理少卿	
										大真趙州刺史	
有意猗氏令										構字承業齊州刺史	
琬鹽城令				琰湯陰主簿	琛胙城主簿	瑗安次尉				逸客浦城令	
華	葩	芳	芬			藹	荷	芊	萬	怡顏衡水尉	澤
			高岳衡州長史							鷸	辯以怡顏長子繼

承訓杭州司功參軍
踐一泌陽丞
恪字承敬汴州司功參軍
僊客
踐忠
倚澤州安平府別將
寬
翹大理評事
瑞
珮硤石主簿
瓀

			演開	亮淮西節度參謀監察御史	
		踐義	怡涇丞	弘簡	
				弘素	能寶應尉
					椅梧
			侶左驍衛兵曹參軍		
			僅		
			倩玉山尉		
			伋萍鄉令		
太初許州司馬	宣道臨汾丞	延孫			
		延祚蓨令	緽湯陰尉		
			紓		

						太沖雍王友			
				宣德許州司馬		因字守業翊衛			隆業藍田令
				延祐信王府功曹參軍		元珪字如玉邢州司士參軍			重丘博州參軍
縱	濹陸渾尉			湊蘭州長史	泌	伯成	恆	幼	
	應蘇州刺史				繁懷州錄事				
	敬彞	敬	行餘						

	嗣業同州司功參軍					延業洪洞令	昭業冀州士曹參軍	宣業麟游令
重光翊衛	虛己安邑丞			恕己典設郎		光紹揚州錄事		庭秀平正令
唐卿	萬萊州倉曹參軍	韶延陵丞	若越州錄事參軍	華字遐叔吏部員外郎		愍真定簿		潤淄川尉
璩				隲	肇大理評事			

翃

知業

慶業陝州司兵參軍 庭光棣王屬 詵

諲鄆州司功參軍

諄

餘城父令 宗師

從古

琪監利丞

紹先

					孝衡	
					素主隋左親仗	
			敬業汲令		仁亮尨潛令	
峯滑州司倉參軍	凝真定令	從恆州司法參軍	志廣房陵主簿		延安潞州司倉參軍	
			郯著作郎		鉉舞陽尉	鎔鄴令
			璹京兆府功曹參軍	琚	琮	徽靈寶尉
						弘慶弘範弘慶金州刺史生慎知

詢宋城令
準

璘大理評事
積善

琇任城令
羣奉先丞

鞏

襲慶

鉅新息尉
瑑

延固安陽令
鑒稾城令

鍪長洲尉

表賓密州司倉參軍

鑾

彊誠

仁濟櫟陽令
延嗣
若思

								九思廣州司馬	宅相	
									寶鼎	
							延宗棣州刺史	伯思深州刺史	琯	
									玢臨昫令	
								仲思藍田尉	玘臨濟府司馬	敬道
									琳河南府參軍	復司農寺丞生睦護
										文通生友真
									璆	
									璩獲嘉尉	從規
										從矩

				再思盧州司馬	叔思盧州司馬					
瑝大理司直		瓛南陵令	璲潭州司戶參軍			幼廷連州錄事參軍		璠金吾將軍	班巴州司馬	瑅
輔弼涼州參軍	從湘鄉尉	芻襄城尉								

		延節長沙尉	延喜兵部郎中							
季思	昭思		進思			儼思荊州司功參軍		令思蕭山丞		敬思上輕車都尉
			紹金吾長史			鍠	鈐	嵩	蕚	
			惟忠	惟孝	惟省					

仁緯東光令										
同恩江州刺史				延之坊州刺史						
參潞州長史			偃綿州參軍	闌鄉尉					退思駕部員外郎	均懷州參軍
諷	評大理評事	論汜水丞	廣利	充伊闕令		良光祿丞	永	卞		子章趙城尉
				昭與安丞	暐萬年尉					

									仁疆			
延祐益州司士參軍									延休華亢慈州刺史別駕			
輞趙州刺史		韜壽王記室								期襄成令		
武大理評事	眞	漸嘉興尉				潛	潾都昌尉		瀓峨眉令	奕	擬盧城令	踧之端州刺史
		承規生彰明	士規	士矩			元成	元用	俅肥鄉丞			

										茂實	
								延紀常州司功參軍	正辭六合令	詔字存誠江夏令	
										弣安吉尉	
										弼	
									迪新鄭尉		
									述東海尉		
									朝昇		
									正議全椒令	招	
										元輔	
								延載平遙令	懌益州錄事參軍	懔新興尉	緩
									悍臨渙丞	馮餘干令	

									脩基後魏陳留太守
									羨策秀才
									鴻鸞河間太守
									士永清河太守
									希邃通州刺史
									孝通鉅鹿太守
									那舍翊衛
			延昌					延雍衛州兵曹參軍	弘睿
	惇	懻	瑗阜城尉						
弁			俛	信	倫范令	倜宋州參軍	準符離丞		
					鄭卿襄陵尉生諫信豐令	君仲			

								希傑阜陵太守	希彥趙州別駕			
								仲德	道常		德珪	義珪
		善意	善守	君威	君協	君遵	慈師		公瑜漢王參軍	君淑		
弘操	守藏								遜言			

									研字探幽高平太守	
									元則弁文殊高州刺史平太守	
		士安行臺郎中	士儁本州主簿	叔綦秦州外軍參軍						
	希猷				希文				德潤	
信璋	元素								彥雲	
	孝德				仲貞	觀達	仲質	季確	守順	守行
							文長	君逸		

							曾字慶子後魏趙郡太守相仁懿子	
							祥字元善中書侍郎平棘憲子	
							安世字德合相州刺史假節趙郡公	
							瑒字琚羅岐州刺史	
孝徽鴈門太守							爲清河太守	
德延漳南令					德義		君正南皮令	君偉朝請大夫
治端同州倉曹參軍				治高	鏡	素民	志道兵部郎中	陳師清河令
玄徽	玄恪	玄朗	玄肅				思仁	思禮長城令

君游

孝伯後魏秦州刺史宣成文昭公

豹子中山太守

叔讓湖州長史

孝緒後周芮城令

延壽隋儒林郎

璣衡荊山令

仁穎都水丞

詳太子太保

幵渭南尉

申監察御史

交

紇

紓

纓

縱

納

輯

鷟三子詢古延嗣龜謀詢古字垂卿延嗣字耀卿龜謀字直卿年枝字有之

丹浙西觀察使
袞祕書郎
若系

訥左庶子
何忌諫議大夫
事舉蘇州刺史
續曹州刺史生近仁體仁近仁汝州刺史生煦薰煦字乘融體仁江州刺史生崇鼎成崇鼎彥崇鼎字重周

子父上黨令

讜監察御史
懿淩儀尉

居中光祿主簿

準常州司士參軍

位

								孝約司徒錄事參軍	孝純
								子行豫州刺史	子廉
								玫	瓌
					仁軌	仁則		師本	師幹
	誠河南府法曹參軍		謙	詵		汨			玄珪
遇江都尉	仲連	秀				旭			
						奉初			
						存	逵		

東祖之後又有諤

諤隋南和公	爽左金吾衞將軍	震太子中允	光朝鄂州司馬	仲埶鹽鐵判官兼監察御史	珏字待價相文宗	階度支判官兼殿中侍御史					
						弱翁鹽鐵判官兼監察御史					
						普字昌之兗海從事校書郎					
						愈密尉					
西祖勁字少黃晉治書侍御史二子盛隆											
盛中書侍郎	纘字緯業太子祭酒	延字紹先後魏假趙郡太守	建					公淹右司郎中	自勗膳部員外郎		
									自挹杭州刺史	令志	
										藏諸雄	
											萱絳州刺史

連						龜字神 龜後魏 州主簿
						鳳林
						裔字徽子雄隋 伯以秀河北道 林子繼行臺兵 陝州刺部尚書 史固安高都郡 縣伯公
博固 始令						
惠明熊 州司倉 佐						公宏
大智新 政令						
尚一	尚貞博 州刺史	乂字尚 真中山 真公				
	密益州 司馬知 留後	寧	宙殿中 侍御史	審左司 郎中	宿緱氏 尉	

							襲
				休字紹則後魏散騎侍郎			閣
				誂字令世京兆太守			傑
		秀林後魏定州大中正					
公挺襲高都郡公				士衡趙州刺史			
世辯	緯戶部尚書						
							公敏
		景昕			懷遠	相武	后
		仲雲左司員外郎	叔雲監察御史生撲		景伯禮部侍郎生彭年喬年彭年吏部侍郎生收秊收給事中喬年左司郎中		

		隆字太彝後魏阜城令		
		謀幕令		
		昞始平太守		
侔		伯廣東郡太守		
恃顯	恃和	弘節北齊廣平郡太守		
		道謙太府卿		道信
	彥宗趙州長史	思恭鄯州刺史	去伐	齊莊倉部員外郎
	嗣真太常卿	同亨		知讓長水主簿
	默之	渙	洽兼御史中丞	承胤江州別駕
				嶷右武衛錄事參軍
				巽字令叔吏部尚書度支鹽鐵轉運使生紹繼紓編緘紹鳳翔節度判官繼京兆府參軍生荊薦荊字處仲薦字茂穎緘字德高

謀孫元稱後魏廷尉

孝恭

懷柔

祖威倉部郎中

思行嘉州刺史樂安公

辟邪陝州刺史

懷宗

君逸隋謁者臺郎

肅然

載

栖筠字貞一贊皇文獻公

老彭侍御史

吉甫字弘憲相憲宗

德修楚州刺史

德裕字文饒相文武生椅渾燁渾比部員外郎燁郴尉生殷衡延古殷衡右補闕延古司勳員外郎

自然
玄乂 叔度左諫議大夫
恭懿

行諶

行敏

行恭

生啓

叔儀

遼東李氏璣少子齊趙相初居中山十三世孫寶字君長後漢玄菟都尉徙襄平生雄車騎長史生亮字威明原武令生敏河內太守生信生胤字宣伯晉司徒廣陸成侯生固字萬基散騎侍郎生志字彥道陽平太守嗣廣陸侯弟沉沉孫根

根後燕中書令
宣鄴郡守龍驤將軍
貴後魏征東將軍汝南公
永太中大夫
弼字景和後周太師隴西武公
耀開府邢國公
寬隋梁州總管蒲山公
密字玄邃
知古右臺監察裏行

			暉	安	衍後周太宮伯真鄉凤公	
	偉左千牛衛將軍				仲威	
匡民	檀亳州刺史燉煌公					
	諫水陽郡長史襲燉煌公					承休
	鐈字浩清江汧陽太守襲燉煌公					泌字長源相德宗
	澄義成節度使武威郡王	温太僕少卿				絙高陵尉
	克 寧					

					仲文	仲武	義方元通	仲賢
				昂				
繁和州刺史	緯咸陽尉	紩涪州刺史	絢華州文學					

綸
長
稚
知古
翁歸
晏
椿
祖光
元素字大祁戶部尚書

江夏李氏漢酒泉太守護次子昭昭少子就後漢會稽太守高陽侯徙居江夏平春六世孫式字景則東晉侍中生嶷嶷生尙字茂仲生矩字茂約江州刺史生充字弘度中書侍郎生顒郡舉孝廉七世孫元哲

元哲徙居廣陵
善蘭臺郎
邕字太和北海太守
岐
正臣大理卿
漸
師諒

				昉	
				璞鄲州司戶參軍	
	頳			瑄起居郎	
	正叔工部員外郎	正卿		鄲	鄜字建侯相憲宗
	翹	公敏			拭起居舍人
師稷	諤字德遠	潛字德隱	沆字映之		磎字景望相昭宗
誥字思翰					況字東濟
韞字內文					

漢中李氏漢東郡太守太常卿武孫頡後漢博士始居漢中南鄭生郃字孟節司徒生固字子堅太尉生三子基字憲公茲字季公燮字德公安平相十二世孫德林

德林隋內史安平公								
百藥禮部侍郎宗正卿安平文公								
安期相高宗								
宗師鄄城令		宗臣	宗玄	宗墨				
義仲中書舍人				容成壽春太守	力牧餘杭太守		夷吾竟陵太守	
泳字泳之					艮相	艮卿	滌同州司戶參軍	
嵤	嚞						端	序殿中侍御史

趙郡李氏定著六房其一曰南祖二曰東祖三曰西祖四曰遼東五曰江夏六曰漢中宰相十七人南祖有游道藩固言日知敬玄紳元素東祖有絳嶠班西祖有懷遠吉甫德裕遼東

有泌江夏有鄘誤漢中有安期

唐書卷七十二上

唐書卷七十二上考證

宰相世系表二上長孫氏嵩三子泰同敦泰生延年延年生儉○沈炳震曰據表則嵩儉之曾祖按周書長孫儉傳五世祖嵩北史長孫嵩傳儉曾祖地汾祖酌父鹹則嵩非曾祖而儉之祖父非泰與延年矣

儉生平二子道生道開○沈炳震曰魏書長孫道生傳道生嵩從子不詳父祖與嵩同事道武帝據表則儉爲道生之祖豈祖仕于周而其孫先魏兩朝十五帝百七十年與八世祖同事魏開國之帝乎

杜氏秀二子果皎○臣酉按杜如晦傳祖果曾祖皎則皎乃果之父而表以皎爲果之弟誤矣又舊書果作杲未詳孰是

元頴○臣酉按本傳元頴如晦五世孫非淹之後也表列于淹下誤

唐書卷七十二上考證

唐書卷七十二中

宋　翰　林　學　士　歐　陽　修　撰

表第十二中

宰相世系表

王氏出自姬姓周靈王太子晉以直諫廢爲庶人其子宗敬爲司徒時人號曰王家因以爲氏八世孫錯爲魏將軍生賁爲中大夫賁生渝爲上將軍渝生息爲司寇息生恢封伊陽君生元元生頤皆以中大夫召不就生翦秦大將軍生賁字典武陵侯生離字明武城侯二子元威元避秦亂還於琅邪後徙臨沂四世孫吉字子陽漢諫大夫始家皐虞後徙臨沂都鄉南仁里生駿字偉山御史大夫二子崇游崇字德禮大司空扶平侯生遵字伯業後漢中大夫義鄉侯生二子旹音音字少玄大將軍掾四子誼叡典融融字巨偉二子祥覽覽字玄通晉宗正卿即丘貞子六子裁基會正彥琛裁字士初撫軍長史襲即丘子三子導穎敞導字茂弘丞相始興文獻公六子悅恬劭洽協薈洽字敬和散騎侍郎

二子珣珉珣字元琳尚書令前將軍謚曰獻穆五子弘虞柳孺曇首曇首宋侍中太子詹事豫寧文侯二子僧綽僧虔僧綽中書侍郎襲豫寧愍侯生儉字仲寶齊侍中尚書令南昌文憲公生騫字思寂梁給事中南昌安侯生規字威明左戶尚書南昌章侯生褒褒字子淵後周光祿大夫石泉康侯生鼐字玉鉉隋安都通守石泉明威侯子弘讓弘直

弘讓字敬宗中書舍人專掌機密	方士字玄逸臨卭令	崇禮沂州司馬	瑤琢城府果毅	
	方則字玄憲光祿卿	景蘭州刺史	縉常選	混
				液
			綺越州倉曹參軍	浩
				渙
			純成武令	澮

						晏益州倉曹參軍			昱好時丞		昇夏州長史
	縉秘書郎			練莘尉	紓通事舍人	安期	佺期	滎期	維	綱臨洛丞	繪
沂	垣	湑									
		源廣管城尉	德文								

			縱			
	方泰字玄敏太府少卿	鴻馮翊丞	志悌宜壽尉	汶殿中少監	袞御史知雜	宜陽
						紹
			志凝襄垣尉			
		源虢州參軍	志福			
			志斌長上果毅			
		澄	志深襄樂尉			
		濬南昌丞				
		濛宋王屬	志簡常選			
弘直字長宗魏州刺史謚曰孝	緘字方舉隋州司馬	思哲洺州參軍	撟			
			擢			

思恭峩嵋丞										
希倩光州刺史										
珪漢州別駕										
海字巨元			添字益源祕書丞							
建子	銓		銑	銳	邁字遐舉黃巖令					
台老明經及第	寶子	馬老				知蘊字積中蜀王諮議				
						慎微字表仁吉州長史			璆范陽丞	昌禹山南東道
						章	融	彥範		瓚

節度推官試大理評事

彥規

知進肅清簿

知綏真鄉令

逸字從之平望戍副

綱

縞

進

迺字匡忍常選

師迥

師達

師逸

師遂

師述

								續字方紹羅川令		
								愔		
								延璋	延祚	延肅
		檢字德中檢校刑部尚書瑯邪郡子					遏南宮令			
師逞	師造	昌嗣	昌裔上虞令	淑字濕源會稽令						
		給字執中壽州法曹參軍		紳寧國令	知古	希古				

	續字方節越王府法曹參軍								
	思　敬	綝字方慶相武后							
	海　雲	晞字光烈鄜州刺史襲石泉侯							
延之		俌字靈龜定州刺史							
		濡膳部員外郎黃州刺史							
		牧涇陽尉	源茂榮州刺史		遂沂海觀察使		長文禮賓使		
			瑋左衛兵曹參軍		新豐蓬州刺史	果鳳翔府參軍	早大理丞	祁太子詹事	韓福建觀察推官
			晉	存				仲鸞徐州節度判官	

		晟明經及第
		昇舞陽尉
澄洋州刺史	造太子論德	
	迺淄州刺史	鉽
		鎬
		鎔
	逵殿中少監	鍊秘書省正字
		錫
		鎛
	邁淄州刺史	
	迟	
沐御史中丞	源上華陰令	
	源長渭南令	

源通衞佐

淮御史中丞　子文平山尉

子西恆州參軍

子尚恆山令

濟尚衣奉御　源

沼集州刺史　魯卿　質偃師丞

寶

賀

贄

買

潤杭州別駕　遇著作郎

源中字正蒙天平節度使　擢字邑臣

		應
		叔鳳
		叔鸞
	敬元散騎常侍	
	逢元	
	迪	
	適侍御史	季羽
	高安邑尉	希範
潤汝州長史	源植福建觀察使	愿襄邑尉
		賜永成尉
		愘同州參軍
		愼

		愖
		憬
		祝字不耀給事中
	源會絳州司馬	
	源端溫令	懽湖州文學
	源蒙四門助教	
	退思晉陵丞	
侁舒州滁衛尉刺史丞		
泛	覿徐城令	師貞
渶	源謙	
	源評	修禮
	源誠	

晦字光遠冀王執仗
休以晦再從弟督子繼激水令

曒字光輔
寵
仲連楊州錄事參軍
紹
瓛相肅宗及中書舍人
鐵字聲仁右諫議大夫
摶字昭逸相昭宗
倜字垂光鄠尉直弘文館

倓河南府文學

倫校書郎

鍼字公禦
莓
參字內魯

損字中禮

俇字蘊華

乂

宰國子司業
嗣宗

汶
衆

嗣昌

嗣端

士則挽郎

嗣源饒州參軍

嗣恭

師寶

平子

晊字光賓監察殿中侍御史

寰河東丞

嗣音晉州參軍

源潔建昌尉

寂

嗣文

寧

仲文義烏尉

忠君溧陽丞

仲武

曄殿中侍御史

儇挽郎

晙字光庭明威將軍											
份咸陽令		脩臨汾尉									
復奉天尉	河	和			雄	溥		濤			
宗卿分寧丞	孺卿好時令	道固	元貞管城令	孝源		源矩	源明	源孚	源采	源芳	源旭
鼉											

	體字光範明威將軍							昕字光業忠王司馬	瑋字光緒萬州司馬	
侗大理主簿	倣荊州刺史		傑			儀			佺金牛令	
佛奴虔州刺史	金刀	鼎子	現			灉	貞		和及寬	
			源奕	源頵	源爽	天養				冠

									暉字光嗣安化郡司馬		
						佋睦州司馬祁縣		洞玄金州司馬	佖		
						澈	湜	彭		伸	佶
	和友										
求	罕		覽	覺	寬						
	亭	謝老			相老						

	緄字方操	令賓商洛丞
		輝遠
		延客姑臧尉
弘慶字承宗		
弘仁字嗣宗	方誕	
	方寔	
弘義字林宗荊王屬	方諝海州錄事參軍	胥宋州參軍
弘訓字孟宗	方茂	
	方智戶部郎中	固忠維丞
		固基
		固信
		固貞胙城令
		固業涼州司倉

參軍

固廉潞州參軍

固己單父令

弘道字玄宗丹徒令

弘義字延宗膳部郎中

方壽

正字士則晉尚書郎三子廙曠彬彬字世儒尚書右僕射肅侯二子彭之彪之
彪之字叔武尚書令謚曰簡二子越之臨之臨之生納之皆御史中丞納之生
准之字元魯宋丹陽尹生輿之征虜將軍生進之梁左衛將軍建寧公生清安
南將軍中盧公生猛

猛字世雄初名勇陳東衡州刺史應陽城公

繕隋普州刺史

纘旗鼓將軍楚州刺史

德儉字守節御史中丞歸仁縣男

璿子希琢相武后

大有左衛郎中

同人泗州刺史

既濟荊府功曹參軍

休明南和尉

休光博州別駕

休明相州刺史

休言解令

續吏部郎中

德素閬州刺史

鼎工部員外郎

豫屯田郎中

瑜字希瑩侍御史

太原王氏出自離次子威漢揚州刺史九世孫霸字儒仲居太原晉陽後漢連

瑤古驍騎將軍

德本西臺舍人為右衛將軍

承慶駙馬都尉

承先

靈華左拾遺

肅左司員外郎

重明

拱虞部郎中

權國子祭酒

申伯

莘司勳郎中

貞伯

藻字禮羽

師甫江西觀察使

藩戶部郎中

蕘

楷虞部郎中右庶子

聘不至霸生咸咸十九世孫澤字季道鴈門太守生昶字文舒魏司空京陵穆侯二子渾濟渾字玄沖晉錄尚書事京陵元侯生湛字處沖汝南內史生承字安期鎮東府從事中郎藍田縣侯生述字懷祖尚書令藍田簡侯生坦之字文度左衞將軍藍田獻侯生愉字茂和江州刺史生緝散騎侍郎生慧龍後魏寧南將軍長社穆侯生寶興龍驤將軍生瓊字世珍鎮東將軍四子遵業廣業延業季和號四房王氏

大房王氏

遵業黃門郎				
長明	松年北齊黃門侍郎高邑平侯			
	邵字君懋隋祕書少監			
	孝京揚州司馬			
	子奇青州司戶參軍			
	慶賢美原丞			
	光謙淮陰令			
	翊吏部侍郎			
	重河東令			
	文仲王屋令	君仲	衆仲衢州刺史	
			淙	凝字成庶一字
			鎬字仁固	鐮字

				翺陽翟尉		翃字宏肱東都留守諡肅		向上邽尉
		倉兼御史中丞		勳	湛定陵令	鄜	正雅山南東道節度使諡忠惠	
		叔仲	敬仲		聰			
致平宣歙觀察使諡貞	湑		寡言		溥字德潤相昭宗			
中御	鉅字弘猷		鍇字豐祥					

翽太子僕
鼎

慶祚

慶符
合元
華水部藹字望員外郎之

申

慶詵

慶玄光復
邕金部郎中
篆

子貞行臺倉部郎中

孝柔

規
大觀
同人亳州刺史光祿少卿
守忠愛景

思訥子遂

自勉

第二房王氏

						仲璋	仵
			元方	約	翁慶士曹參軍	日新	
		東			履仁吏部員外	省躬	
廣業後魏太中大夫	野父北齊膠州刺史	君儒御史中丞	孝幹	康壽集州刺史			灣長安尉
				玄壽			
				乾壽			
				神壽			
			孝倫	仁表祠部郎中			
				歆司勳郎中			
			孝遠中書舍人	崇			
				嶷			

友札安陸令	玄道桃林令					
	元鼎					
	世鼎國子主簿	觀梁州司馬	彧			
			謩徐州刺史	益蒙		
			佶祠部郎中			
			璉	衡	魯	振字文飛
		懷讓杭州司倉參軍				
		懷禮咸寧丞				
	大鼎濟源令	方輿				
		禔	滂			
	神鼎	志仁	鄭卿殿中侍御史	達揚州司戶參軍		

		師丘	道質	仙客太常博士	項冀州刺史	鈞					
						釗	闢				
							闥				
					瑒	鐸					
	季貞			惠季	温之	暹		鎰			
						昇陽父尉	曙				
							暲				
							晛				
							晤	鐖	愔字韶之	渙字羣吉	
									慥	滌字用霖	
						巽武城尉					

河東王氏

儒賢趙州司馬 | 知節揚州司馬 | 冑協律郎 | 處廉汾州司馬 | 維字摩詰尚書

左丞

緒字夏卿相代宗

緯江陵少尹

紘

紞太常少卿

烏丸王氏霸長子殷後漢中山太守食邑祁縣四世孫寔三子允隗懋懋後漢侍中幽州刺史六世孫光後魏幷州刺史生罔度支尚書護烏丸校尉廣陽侯因號烏丸王氏生神念北齊亡徙家萬年

神念梁冀州刺史壯侯

僧辯太尉永寧公

顗侍中樂陵守

珌

閔

思泰字知約鄭州刺史

美暢字通理司封郎中薛公

昕司農卿薛公

詧渭州刺史

翼盩厔令

弼長安丞

玢符璽郎

輝千牛

珪字叔玠相太宗

崇基主爵員外郎

體仁朝散大夫

尚逸字伯夷定州長史襲公

齊望通州刺史

旭左司郎中

茂時

光大司勳郎中

纁給事中

遂大理少卿

遘蘇州刺史

敬直南城縣男

頍

遵工部員外郎

齊休倉部郎中

僧修								
景孝隋屯田侍郎								
詮汾州刺史歙縣男								
文濟給事中								文洎
仁忠字揖左千牛將軍					芳	崿	崟懷州刺史	仁皎字鳴鶴特進祁昭宣公
嶷右衛長史	嵩尚衣奉御	崑司農寺主簿	崇京兆府參軍	岩			楚黔中觀察使	守一太子少保

冏五世孫元政

元政幽州別駕 | 寶安吉令 | 祚青州司馬 | 晃温州刺史 | 沼禮部郎中

潔國子司業

涯字廣津相憲宗文宗 | 孟堅工部郎中集賢院學士

仲翔太常博士

中山王氏亦出晉陽永嘉之亂涼州參軍王軌子孫因居武威姑臧五世孫橋字法生侍御史贈武威定王生叡封中山王號中山王氏後徙樂陵

叡字洛誠後魏尚書令中山宣王 | 襲字元孫吏部尚書中山惠王 | 忻散騎常侍肆州刺史謚曰穆 | 子景北豫州司馬 | 元季隋大中正開府儀同三司 | 有方岷州刺史 行果長安尉 | 晙相玄宗 | 殷任太原少尹易州刺史

曒永壽令

眞葉令 | 怡戶部侍郎

汾州長史王滿亦太原晉陽人生大璡

大璡嘉州司馬 | 昇

昇咸陽令								
恕字士寬揚府倉曹參軍								
播字明歇相文宗		起字舉之魏郡文懿公						炎字逢時太常博士
鎮祕書丞	冰京兆府參軍	式武寧節度使	龜字大年浙東觀察使			鐐字德耀汝州刺史	鑄字台臣	鍔字昭範相僖宗
			蕘右司員外郎			蘋字玄禮		
			權	定保字翊聖	檀字秀山			

華陰王氏後徙京兆新豐

孝傑相武后	無擇左驍衛將軍							

京兆王氏出自姬姓周文王少子畢公高之後封魏至昭王彤生公子無忌封信陵君無忌生閒憂襲信陵君秦滅魏閒憂子卑子逃難于太山漢高祖召爲中涓封蘭陵侯時人以其故王族也謂之王家卑子生悼悼生賢濟南太守宣帝徙豪傑居霸陵遂爲京兆人賢七世孫黨上郡太守卑子九世孫遵字子春後漢河南尹上樂莊侯遵生魴魴孫康康生諶諶生鵠魴別孫景生均忠均八世孫羆至易從徙居汲郡

羆字羆後魏雍州刺史萬年忠公	慶遠直閣將軍	述字長安隋杜國龍門莊公		無畏都官郎中				
				儼工部侍郎				懷清
	明遠周司金上士	壽隋州都七職主簿	喆河西令	慶浦州長史	易從揚州刺史	賓		

					敬從右庶子	擇從京兆士曹參軍麗正殿學士	
寔	宥	密越州刺史	定字鎮卿太子右庶子集賢院學士		寥右驍衛錄事參軍	察連州刺史	
		行古	逢殿中侍御史	仲周攝監察御史		自立緱氏令	
		收字種德				徽字昭文相僖宗	
		超字子榮				椿	椁

			忠七世孫直	直瓜州刺史						
					武宣岳州刺史				長諧	
					德本鄧州刺史	德真相高宗武后			德玄倉部郎中唐州刺史	
				承家都官郎中		九思三原令			九功	九言駕部郎中
						潛吉城令	坦	裔	沖之度支郎中	
	朋從	言從		滔果州刺史						
				何丹王傅						
松字夢禎										

并州司馬	士會陸基寧王 渾令 掾

王氏定著三房一曰琅邪王氏二曰太原王氏三曰京兆王氏宰相十三人琅邪有方慶璵摶璿太原有溥縉珪涯晙播鐸京兆有徽德真

魏氏出自姬姓周文王第十五子畢公高受封於畢其後國絕裔孫萬爲晉獻公大夫封於魏河中河西縣是也因爲魏氏萬生芒季季生武子犫犫生悼子悼子生昭子絳絳生嬴嬴生獻子舒舒生襄子曼多曼多生文子須須生桓子桓子孫文侯都都生武侯擊擊生惠王罃罃生襄王嗣嗣生哀王哀王生昭王昭王生公子無忌孫無知漢高梁侯生均均生恢恢二子伯倫彥彥字叔綸張掖太守生歆字子胡鉅鹿太守初居下曲陽二子愉悅愉字彥長侍中生宙字惠開平原郡守生紹曾孫宣北海公孫紞二子儔植儔爲東祖植爲西祖儔孫藪三子儵意暨意裔孫生士廓

士廓隋治書侍御史										
乂濮陽令										
玄同字和初相武后										
愔著作郎					懍御史主簿				恬鄭州刺史	協
長裕河南法曹參軍			季隋膳部郎中	季邁長安尉	方回淄青二州刺史	方進御史大夫		廣業昇州刺史	嶠	
充	霓	尤				元	循郴州刺史	甫	黃裳開州刺史	
						叔正兼監察御史				

確司議郎

館陶魏氏本出漢兗州刺史衡曾孫珉始居館陶珉孫彥

彥字惠卿後魏光州長史

釗字顯義義陽太守陵江將軍

伯胤

長賢北齊屯留令

徵字玄成相太宗

叔玉光祿少卿

膺秘書丞

叔瑜職方郎中

華禮部侍郎

瞻駕部郎中

叔琬

叔璘

殷汝陽令

明監察御史

憑獻陵臺令

謩字申之相宣宗

潛字蘊華

敖

隋蓬州刺史

滂殿中進馬

						萬兼御史中丞
		德振				
宋城魏氏						
元忠相武后中宗	昇太僕少卿					
	晃					
鹿城魏氏						
知古相玄宗	喆延安太守					
	戣陽安太守					
	林朔州刺史					
	玨鴻臚少卿					
	曜贊善大夫					
又有魏盈之族						
盈	昌	扶字相之相宣	簹字守之刑部			

宗　侍郎

魏氏宰相六人玄同徵謩元忠知古扶

温氏出自姬姓唐叔虞之後以公族封於河内温因以命氏又郄至食采于温亦號温季漢有温疥封栒侯諡曰順生仁仁子何始居太原祁縣何六代孫序字次房後漢護羌校尉二子壽益壽鄒平侯相益字伯起兗州刺史生恕孫恢魏揚州刺史生濟南太守恭恭二子羨憺憺晉河東太守生嶠字太真江州刺史始安忠武公從子楷隨桓謚奔于後魏兄孫奇馮翊太守曾孫裕太中大夫生君攸

君攸隋泗州司馬	大雅字彥弘禮部尚書黎孝公	無隱工部侍郎	克讓
			克明
			晉昌
		釋胤坊州刺史	

				彥博字大臨相太宗		
				振太子舍人		
				翁歸庫部郎中		
景倩南鄭令				緬	續朗州刺史虞公	
信字輔國太常丞					晧	晈
邈	造字簡輿河陽節度使禮部尚書祁縣子		遜			
	琯字子候	璋京兆尹檢校吏部尚書				

										彥將字大有中書侍郎清源敬公
								挺延州刺史駙馬都尉		瓚
						翁念太僕少卿	翁愛	常節		焯
	績	纘	紹	緘	絢比部員外郎			履言左羽林軍將軍		
曦太僕卿駙馬都尉			韋道州刺史					冬日	光嗣	
西華秘書監駙馬都尉										
瑒										

煒

炫

瑜祠部郎中

瑾

璩職方郎中陝州刺史　廷賞陳州刺史

慎微鄭州刺史

道沖和州刺史　任　袞　初國子主簿

佐

佚

温氏宰相一人彥博

戴氏出自子姓宋戴公之孫以祖父諡爲氏至漢信都太傅戴德世居魏郡斥丘裔孫景珍

景珍後魏司州從事	胄字玄胤相太宗		
	仲孫	至德相高宗	良紹

戴氏宰相二人 胄 至德

侯氏出自姒姓夏后氏之裔封於侯子孫因以為氏一云本出姬姓晉侯緡為曲沃武公所滅子孫適於他國以侯為氏鄭有侯宣多生晉漢末徙上谷裔孫恕為北地太守因家于北地三水四世孫植從魏孝武西遷賜姓侯伏氏又賜姓賀吐氏其後復舊

植字仁幹周驃騎大將軍肥城節公		君集相太宗	

侯氏宰相一人 君集

岑氏出自姬姓周文王異母弟耀子渠武王封為岑子其地梁國北岑亭是也子孫因以為氏世居南陽棘陽後漢有征南大將軍舞陽壯侯岑彭字君然生屯騎校尉細陽侯遵遵曾孫像南郡太守生晊字公孝黨錮難起逃于江夏山

中徙居吳郡生亮伯亮伯生軻吳會稽鄱陽太守六子寵昏安頌廣晏後徙鹽

官十世孫善方

善方梁起居舍人尚書長寧公	之象邯鄲令	文本字景仁相太宗	曼倩雍州長史襄公	獻國子司業梁公		定淮南節度判官						
						弘太子通事舍人						
						通太常寺太祝						
						至祕書省校書郎						
						靖復州刺史	融忠州錄事參軍					
							玢晉州別駕					
				羲字伯孝相中宗睿宗	敷							

仲翔太子中允陝州刺史博望公

賁字明敭右驍衛倉曹參軍

仲林

尹著作郎

炅葉丞

贊司門郎中衡州刺史

質殿中侍御史

景倩麟臺少監衢州刺史昭文館學士

植仙晉二州刺史

渭澄城丞

況湖州別駕

則右衛率府兵曹參軍

參庫部郎中嘉州都督

卓兒

						文叔	
						長倩相武后	
		棣沛令	楷安喜令	椅監察御史		靈源	廣成
兼太子贊善大夫	垂長葛丞	史眉州刺史	冬卿邠州長史	終吉州刺史			
				稽鳳翔戶曹參軍	頲晏城縣		

岑氏宰相三人文本、長倩、羲

唐書卷七十二中

唐書卷七十二中考證

宰相世系表二中王氏遵生二子昔音音四子誼叡典融融二子祥覽○沈炳震曰晉書王祥傳祥祖仁非音也

瓚○臣西按瓚與璆當爲兄弟表以瓚爲璆弟昌禹子恐誤

璵相肅宗○臣西按表璵爲方慶六世孫方慶于萬歲通天元年入相璵肅宗乾元元年入相相去僅六十三年恐别一王璵非方慶之六世孫也又按璵高祖光輔開元中官璐州刺史而璵開元末爲太常博士則是璵與高祖同時而仕亦無此理

岑氏羲○沈炳震曰舊書岑文本傳以羲作長倩子臣西按傳韋嗣立薦羲曰恨其從兄長倩從逆爲累則羲固非長倩子亦非文本孫矣當是文本之子

唐書卷七十二中考證

宋　翰　林　學　士　歐　陽　修　撰

表第十二下

宰相世系表

張氏出自姬姓黃帝子少昊青陽氏第五子揮爲弓正始制弓矢子孫賜姓張氏周宣王時有卿士張仲其後裔事晉爲大夫張侯生老老生趯趯生骼至三卿分晉張氏仕韓韓相張開地生平凡相五君平生良字子房漢留文成侯良生不疑不疑生典典生默默生大司馬金金生陽陵公乘千秋字萬雅千秋生嵩嵩五子壯讚彭睦述壯生胤胤生皓字叔明後漢司空世居武陽犍爲皓生宇北平范陽太守避地居方城宇孫肥如侯孟成孟成生平魏漁陽郡守平生華字茂先晉司空壯武公二子禕韙禕字彥仲散騎侍郎生輿字公安太子舍人襲壯武公生次惠宋濮陽太守二子穆之安之安之之族從居襄陽

穆之宋交州刺史	弘籍字真藝齊鎮西	纘字伯緒以弘		德政鄭州都督			

	安之宋青州主簿							
參軍	弘策字真簡梁衛尉卿洮陽閔侯							
策第二子繼梁雍州刺史利亭簡憲公	經後周宣納上士隋巴州錄事參軍							
	則澧陽令							
	玄弼益府功曹參軍							
范陽公	東之字孟將相武后中宗							
	漪著作郎						嶧	琪晉州刺史
	愿吳郡太守兼江東採訪使	愬左補闕	總荊府倉曹參軍	軫河南參軍	某戶部郎中	昇大理評事		
	煦殿中侍御史							

	韙晉散騎常侍隨元帝南遷寓居江左六世孫隆太常卿復還河東後徙洛陽	生子犯子犯生俊河東從事生弋	弋字嵩之周通道館學士						
			洛						
			隋字成 隋洪洞 丞	琟戶部郎中懷州刺史					
			光國 子祭 酒	浣	說字道濟相睿宗玄宗				
					均字均刑部尚書大理卿襲燕公				
					岯	密	濛中書舍人禮部侍郎	嶅洛陽丞	岩
纁									

垍太常卿駙馬都尉		埱給事中
渙	岱	嵲瀛州刺史

河東張氏本出晉司空華裔孫吒子隋河東郡丞自范陽徙居河東猗氏生長度

長度銀青光祿大夫					
俊與相國府檢校郎將					
思義成紀丞					
嘉貞相玄宗					
延賞初名寶符相德宗					
弘靖字元理初名調相憲宗					
文規桂管觀察使	景初殿中侍御史	嗣慶河南少尹	次宗舒州刺史		
彥遠祠部員外郎	天保	彥脩	曼容	彥回字幾之	茂樞字休府

諮主客員外郎
師賓郴州刺史

嘉祐左金吾將軍相州刺史
宏

始興張氏亦出自晉司空華之後隨晉南遷至君政因官居于韶州曲江

守禮隋涂山丞
君政韶州別駕
子虔竇州司錄參軍
弘雅明經及第
處讓
餘悌
濟
祕

稔

附

處玄
意乂
行扶
景當

處璆

弘矩洪州都督府參軍
昱初名處欽
如珽
輔

友

如玘
穎

天湖水主簿 環

處泰

弘載端州錄事 處榮 績曲江令 存 匪躬

諸

護

處茂 繪

緬

緘 偲

處倫 纓

繼 坰

郁

處閑 隨

弘顯戎城令 處承

						子胄剡令						
						弘藏						
處巽						允齡鳳初容州司馬						
翊興寧令											鳳立	
察	循				瞻	液				冰登州文學	衆	淮
克修	慈明	克戎	思齊	亮		貢	廉	資	聰	元昌	透	宥

鳳規 烈
鳳翔 歡然 瑾
琛
皓然 亞之
獻之
鳳匡 朋 慎
鳳雛 瑩
异
鳳珽
鳳鎬 潤 伯堯
敬叔
滿 鋒
深 伯川

弘毅	軫齡	駰		
		騤	諶	
			談	
		搢	仲宣	
	壇齡（番禺令）	駢	逸	偁
				仍
				佶
		騵	仲灣	玩
				瑱
				瑜
			仲贊	可記
			仲懿	
	澄昱	憓	仲彥	

		弘智			弘愈索盧丞					
		處總	處琁	處遲	九齡字子壽相玄宗					
恕					拯右贊善大夫					
仲文	仲儒				藏器長水丞					
					敦慶袁州司倉參軍					
					景新					
					涓嶺南觀察衙推					鄭湖南鹽鐵判官
					千壽	皓仁化令				鈞
						謨生澄真	諷	謠	詰	偉二子翊珙珙二子文璉文智

		彙重洪州都督府參軍				
		熇歸 善令				
		廷傑		起端州司戶參軍		道輿
論三子琮瓊璨琮二子乾用利用瓊二	渥生琇琇生元吉	涉二子璲璀璲二子光敏光濟璀生文範	縉六子賁英冉英仲英萬英韶英可英	維四子贊璀嗣宗居賀	太玄	繼生縉

子克柔克己璨生榮

沼二子珽瑀珽二子隆鈘瑀生亭

洪二子珣瑛珣生克從瑛四子錫祐休鑄

燿樂昌令

瞻濵陽丞

文達

文曜三子威鷟和威生怡鷟生士衡

文嵩監東太倉三子允恭允明化璘允恭生廉

	九皋殿中監南康縣伯									
	捷端州刺史				擢右金吾兵曹參軍	拱				
	仲通湖陽令			仲連	仲師	仲慰樂昌令	仲熊端州錄事參軍		仲寧	仲傪
	季延平樂令			季質		勳	季長	季重	季康	
	顒	喬	希範							
允明生士調										

		撝昭州刺史				抗朔方行軍司馬檢校戶部郎中		
仲餘	仲友	仲建平樂令				仲端都昌令	仲膺嶺南節度判官殿中侍御史	仲宗義興尉
		肅晉康主簿	播	珂		雄		嘉穎遂昌令
		景思陽江主簿		九思	幼之			遵業雷鄉主簿
								嶰太子中舍
								頔侍御史
								璞端州錄事參軍

		仲蕃江都令	仲方字靖之秘書監曲江成伯		
	可復潮陽主簿	師老永康令	孟常初名景宣右清道率府胄曹參軍	茂宣太原節度掌書記	
	欽	紹儒明經及第		克儉戎城主簿	
				綺梧州刺史	
				崇紀宣州軍事推官	
璉				瑞仁化令二子文倚文蔚文倚二子採授文蔚二子揆操	澤三子緗緒纁緗二子忠順忠璨緒生忠謂纁二子忠治忠晟

	仲孚監察御史廣州節度判官				
	叔敖信安尉			繼文韶州司法參軍	
	鋌	隋	晏韶州判官	智	俊韶州司倉參軍
		難老		桂	
瀾四子玓珣瑗瓛玓三子惟正惟吉惟聰珣二子惟稔惟辟瑗生惟德瓛二子惟克惟哲					

					晳	捍建陽令				
				仲本	仲威	仲寬			幼挺初名仲舉陳許節度副使	
	温其絳州刺史	温士刑部郎中	德璘太原少尹御史中丞			閏		貞	復魯字敦古度支郎中	
忠明經及第						勝	斂		演初名球	瑊

復珪字環中諫議大夫

仲道

掞
仲宇

仲楚漳浦尉
瀆韶州鹽場巡官

仲清

仲丹

仲則

仲綽

仲僧

拔
敬唐韶州錄事參軍

敬直

						敬寬		
				九章鴻臚卿	招大理評事	諶	復	
							至	
						詡	和	
					據金華令	管		
						倚		
					授揚州主簿	仲誼	璨	
					操沂州司馬			
					攢			
					授			
					搆	易簡	譓	
						易從		
					採雷州刺史	克恭河源令	希虞潮州錄事	齊彥

參軍

齊穎

希璧

克和戎城主簿 汝弼賀州軍事判官 師迎

用晦 桃符

克讓新州司馬 璉永順令 思猷

瑤

仍裕

克紹正議令 袞如和令 鍛 温卿道昭

温裕

温彥

温業

	九賓											
括	捨江都丞				撫懷州參軍			抃豐城令	挹			揩程鄉令
	仲恭袁州錄事參軍				仲修	仲嗣永平令		仲雍都城令	士檢	仲綱	仲綽	衢恭城主簿
	汝翼		汝亮			講	譜					
	珩			球								

				術	珏	
					璠封川主簿	
				銜		
子卿	欽璟	震	諷	曼		
			誼	璨		
	欽暘					
子沖	弘讓循州錄事參軍	庭訓	緒	璨		
				玲		
		庭貴				
	弘驥	庭秀	璀			
		庭逸				
子蓍	弘衍崖州錄事參軍	釗				

子猷 弘胤 欽萼 振 說

馮翊張氏本出後漢司空皓少子綱字文紀後漢廣陵太守曾孫翼字伯恭蜀冀州刺史子孫自犍爲徙下邽

德言龍州刺史 榮 仁愿相中宗 之輔金吾將軍 通儒事安祿山

知微初名通幽倉部郎中

吳郡張氏本出嵩第四子睦字選公後漢蜀郡太守始居吳郡裔孫顯齊廬江太守生紹

紹梁零陵郡太守 沖字叔玄隋漢王侍讀 後胤字嗣宗國子祭酒新野康公 震左衛靈池府折衝都尉富陽縣公

濟

謙

巽

律師王府諮議參軍
繼本泗州刺史

義方字儀邢州刺史
齊邱朔方節度使東京留守
鎰字季權相德宗

承續博州刺史

承纘將作少監

珦吏部郎中
纘度支員外郎

淮師朱陽令
承休恆州刺史

承繪邠王府長史
瑄

統師金部郎中

豐仁庫部郎中

彥師駕部職方

二郎中

瑾武德令

清朝試大理寺丞

丹安南都護武城縣男

道師

清河東武城張氏本出漢留侯良裔孫司徒歆歆弟協字季期衞尉生魏太山太守岱自河內徙清河曾孫幸後魏青州刺史平陸侯生準東青州刺史襲侯生靈真生彝隋末徙魏州昌樂

彝字慶賓後魏侍中平陸孝侯

始均字孝衡光祿卿平陸孝侯

晏之字熙德北齊兗州刺史恭公

虔威字元敬隋江都贊務

詢古吏部侍郎

談考功郎中

詢孝太僕少卿

縑遂州刺史

文璹刑部員外郎

虔雄隋陽城令

文憘常熟主簿

蒸昌樂令

某河西行軍司馬

雲字方慶桐城令

宇揚州戶曹參軍

	文瓘字稚圭相高宗								
	漪	潛揚州長史		沛同州刺史	洽魏州刺史		涉殿中監汴州刺史		冲字孝源介休令
		寬庫部郎中	介杭州刺史	成綺金吾將軍	宥揚州長史		鵬陸渾丞	士矩右司郎中	
					袞虢州刺史	褒			
宲祕書省校書郎					載華兼御史中丞				
					正則				
					知實字冠仁				
					保望字渭叟				

文琮吏部侍郎
戩泗州刺史

撝比部郎中

錫相武后溫王
歡
惟一華州刺史

寂司勳郎中

文收太子率更令
孝詢太常少卿

河間張氏漢常山景王耳之後世居鄚縣後周有司成中大夫虞鄉定公張羨賜姓叱羅氏生照照字士鴻隋冀州刺史復爲張氏三子惠寶惠瑤惠珍

惠寶隋絳丞

惠瑤瓜州司馬
祖政杭州刺史
晤懷遠令

祖令巫州刺史
處沖

處訥

處珣

惠								
珍								
約	通曹州刺史							
	寂							
	游藝遂州別駕							
	昇			兌			豐侍御史	震江西採訪使洪州刺史
	參國子司業	絢房州刺史	續京兆司錄參軍	綢蘭溪令				
				君卿正字				
				裼字公表天平節度使				
				文蔚字在華相哀帝	濟美字舜舉	貽憲字去華戶部巡官集賢校理		

孝開蒲州刺史
知久洪州都督
栖貞汝州刺史
感
應安南都護
仲素中書舍人
鐸字司振
濬字禹川相昭宗
格字承之太學博士直弘文館

播右拾遺

泳
偘字樂聖

沆
材字徵之

仲連

幼蘭

季貞

季退

賓庭洛陽尉
風力扶溝令
蘄通州刺史

中山張氏出漢北平文侯倉之後世居中山義豐

長諧
行鈞
希藏雍州司戶參軍
昌期岐汝二州刺史

昌儀司府少卿

同休司禮少卿

易之麟臺監恆公

昌宗司衛卿鄴國公

魯客長安令

行成相太宗高宗

洛客

翁喜陳州刺史

彥起司封郎中

梁客吏部郎中

魏郡張氏世居繁水

公瑾字弘慎襄州總管郯襄公

大象戶部侍郎

大素給事中

悱國子司業

	大安相高宗				
	洽左金吾將軍		況同州刺史		浚侍御史
翽汲郡長史	之緒都官郎中		臻秘書少監	揆	
	壑	塾			之續

汲郡張氏世居平原。

善見越州司馬
武定荊州戶曹參軍
知古代州司功參軍
鎬字從周相肅宗

鄭州張氏

亮相太宗
慎微

張氏宰相十七人柬之說嘉貞延賞弘靖九齡仁愿鎰錫文瓘光輔文蔚濬安行成大鎬亮

馬氏出自嬴姓伯益之後趙王子趙奢為惠文王將封馬服君生牧亦為趙將

子孫因以爲氏世居邯鄲秦滅趙牧子興徙咸陽秦封武安侯三子珪琛蒿嵩生述字貞惠漢太子大夫平通侯生權爲寧東將軍三子何羅通倫通字達黃門郎侍中重合侯坐何羅反徙扶風茂陵成懽里生賓議郎繡衣使者三子慶昌襄昌生仲玄武司馬四子混余員援余字聖卿中壘校尉揚州牧二子嚴敷嚴字聖卿後漢將作大匠七子固伉歆餺融留續歆十一世孫默十二世孫岫

默後魏雍州侍中
思歡
祚
仲緒隋荊府長史
匡武瀛州刺史

匡儉
克忠洛陽尉
搆駕部員外郎
曾

措

擇兵部員外郎河閒太守
昔

署
逢兼監察御史

扶風馬氏

岫字子岳後周荊州刺史扶風肅公							
喬卿梁襄州主簿							
君才右武候大將軍南陽郡公							
珉萬歲令							懿均州刺史
季龍嵐州刺史大同軍使							
炬	炫字弱翁一字抱元刑部侍郎			燧字洵美相德宗			
當右諭德	陶太子中舍			彙太僕少卿		暢少府監	
	寅	慶		敖左衛倉曹參軍	畋右清道率府倉曹參軍	繼祖殿中少監	
		巢	儉				

曛　植字存之相宣宗　郁　儔字後己

茌平馬氏北齊有茌平令暹因家焉

暹　瑗本郡戶曹從事　周字賓王相太宗　載尚書左丞吏部侍郎　覿

覿吏部郎中　元振

元拯

恂河南令丹州刺史

馬氏宰相三人　燧植周

褚氏出自子姓宋共公子段字子石食采於褚其德可師號曰褚師生公孫肥子孫因爲褚氏漢梁相褚大元成閒有褚先生少孫裔孫重始居河南陽翟裔孫招安東將軍揚州都督關內侯孫䂮字武良晉安東將軍始徙丹陽五子頠說洽裕祥洽武昌太守生征討大都督都鄉元穆侯裒字季野二子歆熙歆字幼安祕書監生爽字義弘會稽王諮議參軍爽五子秀之粹之陟之裕之淡之

秀之字長倩宋太常四子僑之湛之貞之法顯

法顯宋鄱陽太守								
炫字彥緒齊安成王師諡曰貞								
漢梁御史中丞中書侍郎								
象太子舍人								
玢字溫理陳御史中丞掌東宮管記								
亮字希明左散騎常侍陽翟康侯								
遂賢郇王友襲侯			遂良字登善相高宗					
兼藝永州司功參軍			彥甫祕書郎				彥冲城門郎	
璆吏部郎中	琇給事中常州刺史	珣京兆士曹參軍	僑	休			倫	儼
		元方大理評事						
					五世孫虔	七世孫輅		

彥季 松司農少卿

遂功

逢年 鳴鶴

鳴謙

褚氏宰相一人遂良

崔氏出自姜姓齊丁公伋嫡子季子讓國叔乙食采於崔遂爲崔氏濟南東朝陽縣西北有崔氏城是也季子生穆伯穆伯生沃沃生野八世孫天生杼爲齊正卿生子成子明子彊皆爲慶封所殺子明奔魯生良十五世孫意如爲秦大夫封東萊侯二子業仲牟業字伯基漢東萊侯居清河東武城生太常信侯昱昱生襄國太守穆侯紹紹生光祿勳嗣侯雅雅生揚州刺史忠忠生散騎常侍泰泰字世榮始居歛縣二子恪景恪丞相司直生郡功曹殷七子雙邯寓金虎蕃固雙爲東祖邯爲西祖寓爲南祖亦號中祖寓四世孫林字德儒魏司空安陽孝侯曾孫悅前趙司徒左長史關內侯三子渾潛湛湛生顗後魏平東府諮

議參軍生蔚自宋奔後魏居滎陽號鄭州崔氏

蔚後魏郢州刺史							
暹字元欽後魏武川鎮都督武津縣公				幼字季陽後魏永昌郡守			
瓚字紹珍兼尚書左丞		慶賓		彥珍	景茂		彥璋
茂字祖昂襲武津縣公					士憲益州行臺兵部尚書普安公		
							公禮泗州刺史
		神鼎亳州刺史				元亦秋官郎中	
	玄覩吏部員外郎	克讓晉州刺史	貞固		叔瑜吏部郎中		
			廣眉州刺史	何朗州刺史			
				温卿			

彥穆字彥穆後周少司徒東都公

君綽丞相府竇曹參軍

君肅隋黃門侍郎

思默邢州刺史

思約和州刺史

籌

逢年

言道岳州刺史

哲　巴令

均丹州刺史

志廉右庶子

傑

儒

伷右拾遺

廣

君宙

思敬

希喬監察御史

千里
元琮相武后

君贍隋秋官侍郎

彥昇
玄籍利州刺史
恪中州刺史
勝
郃字秉公

憬

恂杭州刺史清河男

許州鄢陵房蔚少子彧居鄢陵

彧
子今隋本州主簿
樞利州刺史
義直峽州刺史
知愫戶部尚書
祐之博州刺史

知久
韙之鄂州刺史

齊之左司郎中

玄之度支郎中
肅

洌

知儉

知讓

知温相
高宗

泰之左
丞黃門
侍郎工
部尚書
初以職
方郎中
豫平二
張

備工部
郎中

諤之少
府監趙
國公初
以商州
司馬豫
平韋后
功第二

錡

知遜

南祖崔氏泰少子景字子成淮陽大守生挺字子建挺生破虜將軍權權生諫
議大夫濟字元先亦稱南祖濟生湫字道初湫生安定侯融字子長融生中書

令溫字道和溫生魏常山太守就字伯玄就生上谷太守公安公安生晉大司徒關內侯岳字元嵩岳生後趙尚書右僕射牧字伯蘭牧生後趙征東大將軍蔭字道崇蔭生聊城令怡字少業怡生宋樂陵太守曠隨慕容德度河居齊郡烏水號烏水房生清河太守二子靈延靈茂靈茂宋庫部郎中居全節生稚寶稚寶後魏祠部郎中生逵字景通北齊三公郎中生周司徒長史德仁德仁生君寶

君寶許州治中					
縣解宜君丞					
谷神					融字文成清河文公
尚祠部郎中			偘朔州刺史	條晉陽丞	禹錫字洪範中書舍人清河貞
侑	重下邳主簿				引河東尉
	綱交城主簿	緯			約
					集

子				
	絢監察裏行	師	謀	
	巨字爲式殿中侍御史			
緄歙州錄事參軍	諲			
繟				
緝				
綴				
紹	蘊監察御史	綜		
		則		
	升稷山尉	繼	滎	
翹禮部尚書清河成公	陵詹事府司直	庇	璙字	昭符字
			潤中	子信

								同大理少卿		
			燮於潛尉				凝光祿丞	峯		
			[忄盧]襄陵尉	悅林慮主簿		忻河南法曹參軍		應	廈襄城主簿	廞惠陵令
昭原字勛美	昭緯字蘊曜相昭宗	昭矩字表謀		述河南府士曹參軍	嚴倉部員外郎					公弼

公度

弘本

延齡

允中

彥雍

平仲鳳翔少尹

巽渠州刺史

照將作監丞

稔鉅野令

郜

臨

充美

濤

崳瀧池令

賁

德雍周易博士

岐江陰主簿

鄴

嶙

嶚

弦河東令

達江陵少尹		勵陝府司馬	能字子才嶺南節度使清河郡公				從字子乂淮南節度使清河縣伯
頴	恭彥	次瑱	師蒙	由道	彥會初名宣孝徐州觀察使		彥方壽安尉
					虬京兆府參軍	祐之滎陽尉	敬嗣太子詹事
							整字文莊廣州支使

愼由字敬止相宣宗				周恕初名愼經司封員外郎	安濳字進之太子太傅貞孝公			彥冲太子賓客
昌遐字貽休太子賓客	胤字垂休相昭宗			有隣字朋善祠部郎中	梲字制之太常卿	孅字濟之右拾遺	伽護	勍字思柔太常博士
	纁	綸	鑫	鈞				
			濤					
			億					

									系伊陽丞	朔京兆府法曹參軍
								彧太子少詹事		
				總太子諭德		憲西主簿				
				諒	彥儒盩厔尉	彥崇	彥弘			
就字德成戶部侍郎	讓郎興元少尹	涓字虛己司封員外郎	鑾字得車太常丞							

		伯基八世孫密密二子霸琰霸曾孫遵	遵後燕太常卿				琰字季珪魏尚書生諒字士文生遇遇生瑜瑜生逞字叔祖逞生禕禕四世孫	溉	溉
縣象	縣黎主爵員外郎		撫宋汝南太守						義玄御史大夫清丘
	鼎		羣後魏冀州刺史始居藍田						神基相武后
			稜隋藍田太守						
季恭兼監察御史			君摸	君操					
			文舉	文仲吏部郎中					
			詧相武后	斌蘇州長史					
				安石汝州長史					
				邑	銳大理少卿				
				韶	護字殷功嶺南節度使武城縣子	咸字重易			
				縉字公綬	承裕涇原觀察推官	翔字圖南			

貞公

神慶司刑卿魏縣子
琳太子少保
儼諫議大夫

睦絳州刺史

珪懷州刺史
侁工部侍郎

球鄆州刺史

瑤光祿卿
傑

儀兼御史中丞

琨石州刺史
僔鄂州刺史

神福荊州長史

清河大房逞少子諲宋青冀二州刺史生靈和宋員外散騎常侍生後魏贈清河太守宗伯生休寅休號大房

休字惠盛後魏殿中
㥄字長儒北齊七兵
瞻字彥通吏部
龍藏

子源同州刺史
叔封

尚書文貞侯 · 尚書 · 郎中武城文公

智藏 · 忱千牛將軍 · 瑛光祿少卿 · 堙駙馬都尉

仲文北齊光祿大夫 · 儦隋內史舍人 · 世濟太子洗馬 · 元譽湖州刺史

元敬和州刺史 · 希古藍田令 · 迴大理評事 · 瑝 · 綬 · 璐字大圭 · 賞字昌衡

元祚大理司直

元德

元獎吏部侍郎杭州刺史 · 庭玉右驍衛將軍冀州刺史 · 孝童監察御史濮州刺史

嗣童陵州刺史

惠童駙馬都尉

元異

元彥正平令 · 逸 · 甫 · 端 · 敖太常博士 · 操

換

									載	虔	
									元紀	益字昕雅州元友別駕	
	法言相州別駕	隱甫刑部尚書忠公							守默		
		澂	微河南少公		潛處州刺史		憖	渙	從一	審	容
			溉太常少卿	泳字君易陸渾尉	勝	豐					
搏			倬								

				叔仁後魏潁川刺史							
				挺		彥武隋魏州刺史					
						正辯豐陽男					
			慶復大理少卿			玄彰爲閬令		玄默			
	暉唐州別駕							思慶	思貞隰州刺史		
邃	誠							延賓	庭曜	庭曒	庭晦國子博士
	黄				沖少府少監	述右諭德	邈	嘉祥			蒿
	龜從字玄告相宣宗				通						
	殷夢字濟川			輅	樞祕書監						
	晊字正封	昕字漢傑									

暠

子侃後魏通直常侍 思隱

子聿後魏東莞太守 求言同博州刺史

張蒼 少通

少容 豐洛陽丞

公輔雅州刺史

清河小房寅子敬禮後魏太子舍人樂安郡守生長謙給事中青州刺史生子

令公華

子令高唐令 世瑛

奉節

奉孝 欽讓

欽古

欽善

公華									
大質復州刺史									
玄覽									
湛字湛然鄭州長史									
虔大理司直							朝字懿忠鄭二州刺史		
稱戶部員外郎	穜侍御史		秩				積字實方檢校金部郎中		
	寃	峴字升公	干字藩之	玘			羣字敦詩相憲宗		申侍御史內供奉
		義字尙逸		彥辭	彥回字端源	彥昭相僖宗	嚴同州參軍	充字茂用東都留中	漸
				膠字壽卿		礪字殷誥		鐔源字司均	誼字宜之

				玄弼延州刺史						
				弘默沌	道默赤尉		道郁			
							綜醴泉令			
					寬赤尉		佶太子中允			
			綮		岳		經大理寺主簿			
楔	程	稅			師本	季長	郕字士則楚州刺史淮南營田副使			
		淮宣歙觀察使					鍔當塗尉	行古	璉	瑊

陲御史中丞								
邠字處仁太常卿謚曰文簡	酆司農卿				郾字廣略浙西觀察使謚曰德			
璜吏部郎中	瓘字汝器吏部尚書				瑀	瑤字韞中鄂岳觀察使	瓘字休瑜湖南觀察使	
彥緯字有裕	彥融字應求萬年令				義進字待舉		廷表字漢臣	廷憲字舜舉
	協字思化							
	頎	頌	壽	貞				

			璆字致美相黄巢	
		郇大理卿		
		邯	瓚字錫勳	
		鄯右金吾將軍	琢字子文	仁穎字處之
			瑄字右玉	仁遇字贊堯
			琛字真器	
			珮字聲諫	
			琪字庭秀	
		鄆相宣宗		
		鄜字德章		
	嶠字巖士			
伷河陰尉	諷枝江令			

道楨子美泉兵部郎中											道猷左庶子清河公
											瑩
	漪						徽溫州刺史				
	敦太常卿	敷	汶	敏永州刺史		敖	徵	敞	務	放檢校郎中	
				貽哲	貽儉	行先					

秀岐州刺史												收
著				冀	羨	益	荐			特	顒	
褒	衰	襄	兖				庠	文				
丕								廣字長言				
								濛字遐澤	澄字德信			

志德京兆參軍

玄機陳州刺史
循禮
融右司郎中

玄泰綿竹令
行溫延州刺史
紹鄆州刺史
顏
義虞部郎中
儉
脩字邵業

綺
鎮

鵬

絳
謙太子詹事
邯

鄆

鄘
坦
璘字垂裕

郕

路
信滁州刺史
元藻字袞華武功令

禮

貢
祐

永

濟處州刺史

威

象

廣

暐

參 包 述 珏字夢之

行堅金州司馬 綱 汪 師周

師魯

行集翼州刺史

清河青州房琰生欽欽生京京孫瓊慕容垂車騎屬生輯宋泰山太守徙居青州號青州房輯生修之目連

修之 元孫宋尚書郎 亮字敬後魏侍 士泰征蠻別將 肇師北齊中書

道 淹 方騫萬年主簿 貞固武功主簿 景晊大理評事 圓相肅宗 褒

									目連
								幼孫	僧淵後魏南青州刺史
中僕射貞烈公	敬默魏征虜長史							光伯後魏太傅諮議參軍	
樂陵文肅公	思韶冀州司馬武城子							滔後魏殷州別駕	
侍郎襄城縣男									
	子布		子治	子叶				信明懷州刺史	
			弘道齊州刺史					冬日天官鸞臺侍郎	惟怦海沂等州司馬
臨洛子									鏡邈
	成頭	成周		瀚庫部郎中		治成都少尹			
				經	絢	繹	繕		

國輔禮部員外郎
度
知道大理司直
玄同相州刺史
倚
翰字叔清汴宋觀察巡官試大理評事
華
國況
敬素侍御史

博陵安平崔氏仲牟生融融生石石生廓字少通生寂寂生欽欽生朝漢侍御史生舒漢四郡太守二子發篆篆郡文學生毅毅生翢字亭伯長岑長二子盤實盤生烈後漢太尉城門校尉生均字州平西河太守十世孫昂

昂
仁師相太宗高宗
揣亳州刺史襲安平公
擢字揚庭雍州司功參
液吏部員外郎襲安平
鯨奉天令
昇監察御史
審大理卿
鏐舒州團練判官試大

軍安平男男							攝相州刺史	挹戶部尚書			
								湜相中宗	泌刑部員外郎		滌秘書監安喜縣丞
			鯢						諷戶部郎中	論大理卿	
			鼂								
			衛連州刺史		策監察御史	詧					
理評事	鉅嶺南節度副使		鐸	鐸字一用							
	又新	又初永泰令	弘裕字道益								

洎吏部員外郎

仁術

晃郃陽令

表嶺南節度副使殿中侍御史

道雅壽州團練推官

道音襄陽令

道融右補闕

隋司勳郎中

鈞蘇州司功參軍

溥

絢

晉秘書省正字

道猷度支江陵院巡官試大理評事

道紀字玄風處州刺史

涯紀水令

陶青州平盧節度掌書記

道樞

昌範隋州軍事判官

昌遠曹州刺史

昌符

昌胤

實桂州觀察推官秘書省校書郎

大房崔氏駰少子實字子真後漢尚書生皓皓生質質生讚讚生洪字良夫晉大司農生廓廓生遄遄生懿字世茂五子連琨格邈殊又三子怡豹偘為一房號六房連字景遇鉅鹿令號大房生郡功曹綽二子標鑒標字洛祖行博陵太守生後魏鎮南長史廣字仲慶生元猷元猷生當

當字文業後魏中書侍郎

伯謙字士遜鴻臚卿諡曰懿

淵字孝源青冀二州司馬

綜字君維長安令

慎字行謹胡蘇令

玄暐相武后中宗

璩禮部侍郎襲博陵郡公

震

							渙門下侍郎	縱御史大夫恆山忠公	元方沔州刺史	碣字東標	善
								捷萬年尉			
								楊三原尉			
							賁侍御史				
						珪汾相等州刺史	巽常州刺史	括			
							岔朗州刺史				
							復鳳翔少尹				
							觀大理評事				
						瑨主客郎中					
						璆	解光祿卿				
							頲兼侍御史	操檢校郎中			

	昇字玄樂刑部侍郎							
	璘馮翊郡太守兼採訪使							
	嬰鄆州刺史							
哲	貞固榆次尉							
	幾檢校司勳員外郎		戒字可大兗海觀察使安寧縣公					
	庾字韜德荊南觀察支使	序字東玉	雍和州刺史		福字昌遠員外郎	裕字寬中	厚字致之司勳郎中	
			黨兒	歸僧			晏字道安	晟字景熙

		行簡刑部員外郎	行功祕書監						
		旭	旻			景	昱	晷	晃
	璉	穊	誠左金吾將軍	訓文州刺史	訢華州刺史				銑駙馬都尉太僕卿
	詧殿中侍御史	耿				署	峒左神闕		鸞信王傅
		曄字挺秀			太素			損字至無相德宗	
戢									
朗字內明長安令									

					仲讓西魏鴻臚少卿					叔仁
					鳳林刑部郎中			鳳舉		元嗣隰州刺史
			行真		從俗			從令	從禮太子家令安喜公	
暈	晨	昊眉州刺史	曡澧州刺史	量	無詭	無畏	無詖滎陽郡太守	無諍		
行整雍州錄事參軍					倚					
	續和州刺史				汀汾州刺史					

鑒字神具後魏東徐州刺史安平康侯三子含秉德習秉德驃騎大將軍謚曰

靖穆子忻君哲仲哲

仲哲後魏司徒行參軍安平縣男								
長瑜開府中兵參軍						仲琰		
子博隋泗洲長史					子信	君昭		
元平侍御史					義起戶部侍郎	播		
行範			行則			玄亮		
安嚴主客員外郎			慎微復州刺史			無縱		
藏類	藏穎		光業	光緒夔州刺史		望之	釋之屯田郎中	藏之膳部員外郎
	諸	錞兼御史		恁		偶沁州刺史		俠柳州刺史

渾之

儆尚書右丞

元略義成節度使

鉉字台碩相武宗宣宗

沆字內融相僖宗

汀

潭字德鑒

沂字德潤

濟字德澤

鐬

元受直史館高陵尉

鈞字秉一

澤字中極

構字高秀

泳字表聖

燿字昭美

澣字幾化

錤

									銖安濮二州刺史	涿刑部郎中	榆
											棁
								元式相宣宗	鎮字重威		
									鉶字君		
									鉅字挺業		
								元儒	鍇		
						琨之					
						溫之鄧州刺史		璠			
					無固汴州司馬						
					無怠		河圖諫議大夫				
		君昇	道洽膳部郎中		誠刑部郎中		明允禮部員外郎				

書字貴禮後魏河東太守	仲業			仁睿	玄禕	寬比部郎中	其與				
					玄祗刑部侍郎						
	叔業後魏南兗州別駕			仲立亳州刺史							

第二房崔氏琨字景龍饒陽令行本郡太守二子經鬱經生辯字神通後魏武邑太守饒陽侯謚曰恭二子逸楷

楷字季則後魏殷州刺史後將軍	士元	育生北齊起部郎中	蔚字文豹本州大中正								
		勵德			慎知濟州刺史		頲				
					慎微汾西令	浙樂陵令	庶陳留尉	行儉字聖用池州刺史	惠文		
	士謙周江陵總管武康郡公	曠隋浙州刺史	丕								
			順湖州刺史			珍洋州刺史	縉隴州刺史	佶漢州刺史			

奕，芮州刺史				確，隴州刺史					
大方，海州刺史	大起	萬石，中書舍人		恭禮，駙馬都尉、博陵郡男					
				去惑	輿宗，饒州長史				
				嵩	雋，臨渙丞				
		權	揆		懿				
				穎，信州刺史	殞，同州刺史				
					琯，字從律，山南西道節度使	珣	璪，刑部尚書	琪，相武宗	
						汪，字希度	滔，字深之	涓，字道源，御史大夫	
								仁魯，字化元	仁矩

仁寶字國華

潼字為中

琪字朗士河中節度使

澹字如止吏部侍郎

遠字昌之相昭宗

勃字晏之

璿常州史刺

球字叔休

瀆字遙源

澄字鑒之

顥宋州刺史

顗

穎賀州刺史

進思黃州刺史

佚長安令

潤之

昌容

器御史大夫

	彭字子彭隋左領軍大將軍領慈州事安陽肅侯						曄	
	寶德主爵郎中		知德絳丞安陽男			知機洛州刺史		
固本琦			景運			仲恭幽州功曹參軍		
	道斌							
	鎮倉部員外郎	鎔		寓吏部郎中	宥工部郎中			
		延職方員外郎		宣京兆少尹			漢衡兵部尚書	勵太子左諭德

說後周大將軍安平壯公							
弘度字摩訶隋檢校太府卿武鄉郡公	弘昇隋左武衛大將軍黃臺縣公				弘峻隋趙王府長史		
奉賢汭州刺史	處直	處仁			儼雒令		
					暄汝州長史	晧安平公	
		璆刑部郎中	琬同州刺史	頊璧州刺史	證字若虛太子賓客	運監察御史	汭字若沖太子賓客清河孝公
							成甫
	舒揚州司馬						

				弘壽左監門將軍獲嘉男			弘正鄭公	弘舟隋內府監安平郡
				萬壽閬州刺史成安縣男諡曰信				璡隋左千牛
			瓛武連令	文憲右武衞將軍襲成安縣男	文宣	文操滑州刺史		
	晊徐州司馬	滂巴州刺史						
祐甫字貽孫相德宗	濤大理少卿	嬰甫				潤醴泉令		
	儀甫大理丞	植字公修相穆宗		樟吏部員外郎	嵩駙馬都尉	立之		
	俊字德長戶部尚書安平肅公							
	巖字標魯襄州觀察掌書記							
	瞻字藏用							

公

士順周同開府行參軍

文緒

伯陽御史中丞同州刺史

倚澧州刺史

鬱後魏濮陽太守生挺

挺字雙根後魏司徒泰常昌景子

孝芬字恭梓太常卿昌縣公

勉字宣祖定州大中正

龍子司州治中以宣度子繼

猷字宣猷隋大將軍汲郡胡公

仲方字不齊信都太守固安縣伯

曉

燾字大德鳳泉令石城縣男

安上字敦禮相高宗

修業太子通事舍人

處寶虞部郎中

守業刑部侍郎

貞慎坊州刺史

								令		
		元瑒		餘慶兵部尚書		續	輔	承福越廣二州都督		
		同業主爵郎中	崇業主客員外郎	遵業夔州司馬	紹業秋官侍郎			先意鄧州刺史		
貞慎兵部侍郎	貞敏鄜州刺史			恆河南司士參軍				巘滎陽郡長史		
								淙字君濟同州刺史		清戶部郎中
								楠字茂孝	杞駙馬都尉	柷殿中侍御史

										宣度隋恆農太守
								叔重隋虞部侍郎固安縣公		公業
								幹字道貞黃門侍郎博陵元公		元植
										茂袁州刺史
			先志		先事		先知		濬主客員外郎	藝
	峒玄武令	峻左司員外郎	峋	嵫光祿少卿	昶					
湘					瑜					慶舒州刺史
					周禎字補闕	周衡字可權處州刺史				洌

									孝暐後魏趙郡太守諡曰簡	
			宣軌隋考功郎中	宣質	宣靜	宣略	長昇魯山令		昂字懷遠北齊祠部尚書	
									君讚瀛州刺史	
		輪王祠部郎中安平公							德厚	
									恂司農丞	行成戶部郎中
班合州刺史		懷從戶部員外郎								淳稷州司戶參
銳起居舍人	令欽國子司業	璿之								
	真	緣	公餘檢校郎中							

軍

季孫

仲孫

液字君洽隋中書侍郎
曇首 掖令
謐中書舍人

紹睿武邑令
頊白水尉
昇之汾西令
遴建昌令
景伯

造字玄宰相德宗
懿伯

述字元明房州刺史
文伯

武伯

洽隋散騎常侍
治武彊令
預監察御史
育江陰令
季長城令
弘禮字從周刑部尚書
彥防

彥佐

彥輔

					第三房崔氏格二子蕃頵蕃生天護頵八世孫不疑左補闕	天護		
						穆字子和後魏州主簿		纂字叔則後魏冀州刺史謚曰簡
						謀開	進字季倫北齊尚書左僕射儀同三司謚曰貞節	軼北齊散騎常侍
							達摯後周御史大夫	誠
								儀表
								敬嗣房州刺史
								悅洛州司戶參軍
								光遠劍南節度使
								千齡
彥博	彥恭	彥光	彥金	彥載				

搆

據成都少尹

光迪

抗揚府司馬兼通事舍人將作少監

玄亮字晦叔號州刺史

煜

㒱言字詢之昭義節度判官

貽孫字伯垂

罕言

緩中牟尉

定言字安道

望孫字圭卿

純亮

寅亮

仁亮

聽以玄亮子繼

		世立隋大理少卿安平縣子						
	行表	固儉	抗祁陽令					
逵			濳濟州刺史			濟河間丞	汲長安丞	
悰主爵員外郎			承構鳳閣舍人			日用相睿宗玄宗	日新	日知字子駿潞州長史中山襄公
	玄胤司農卿		良佐湖城簿		良弼	宗之右司郎中		禺坊州刺史
	責成邛州刺史		元翰比部郎中	鵠	恭汾州刺史	儒戶部郎中	復興州刺史	
			文輿					

							融字循業後魏定州別駕		
							鴻翻本郡功曹		
				琬祝阿令		仁	祖仁	祖俠	
				載深州治中				待詔殿中侍御史	
						坦司勳員外郎		玄範	玄獎
	日宣						叔獻藤州刺史		有信
衆工部員外郎	益宣州衙推							密富州刺史	齊顏工部比部郎中秘書少監
	綽	重明虞部員外郎	寄河東令		育兼殿中侍御史				

玄景　涇

浩贊善大夫

玄頤虞部郎中

智辨豐洮等州都督

鳳舉

約

崔氏定著十房一曰鄭州二曰鄢陵三曰南祖四曰清河大房五曰清河小房六曰清河青州房七曰博陵安平房八曰博陵大房九曰博陵第二房十曰博陵第三房宰相三十二人鄭州崔氏有元綜鄢陵有知溫南祖有昭緯慎由胤譽神基清河大房有龜從小房有彥昭羣鄲青州房有圓安平房有仁師湜博陵大房有玄暐損鉉元式第二房有珙遠祐甫植第三房有日用

于氏出自姬姓周武王第二子邘叔子孫以國爲氏其後去邑爲于氏其後自東海郯縣隨拓拔鄰徙代改爲萬紐于氏後魏孝文時復爲于氏外都大官新安公栗磾生侍中尚書令洛拔洛拔六子烈敦果勁洎天恩天恩內行長遼西

太守生太中大夫仁仁生高平郡都將子安子安生隴西郡守建平郡公子提

子提生謹字思敬從西魏孝武帝入關遂爲京兆長安人仕後周太師燕文公

九子寔翼義智紹弼簡禮廣

寔字賓實後周司空燕安公號蘭陵院						
顗字元武隋黔州總管		仲文字次武隋右翊衛大將軍延壽公		惲	象賢隋驃騎大將軍黔昌定公	
世虔	哲亳州刺史	欽明彭州刺史			德基	德威鄆令
儉左屯衛將軍		敏同中書舍人	敏直相州刺史	敬之復州刺史	素倉部員外郎	玄範顯武令
		經野戶部侍郎	光運滁州刺史			汪秘書監
						公胄
						顥

	庭順	庭誨	庭謂						[illegible]字叔遐泗州司馬	
頩		顥天興令	頎工部尚書			頼	頳太原府司錄參軍	頣監察御史	頸戶部侍郎判度支	頂長安支
		眕長安尉	申屯田員外郎	廣	疊岳州錄事參軍		當吉州刺史			明令盂

敬言右龍武兵曹參軍

與宗河南少尹

温河南丞

頔字允元相憲宗

正方太原府少尹

敏太常丞

季友絳宋等州刺史駙馬都尉

晦象州刺史

容揚州錄事參軍

恪襲州刺史

蘊高郵令

犨六合令

彥珣湖城令

頗洋州司戶參

係司農少卿知太倉給納

愼思璧州刺史

懿孫河西令

盾榮州刺史

湜靈武節度推官虞部郎中

周雲陽令大理評事

因

思讓

思謙靜難軍營田判官檢校右散騎常侍

軺

超

		翼字乂若隋太尉任穆公號永寧院							
銓吏部下大夫常山公		璽字伯符江陵總管黎陽靜公							
		志本	德方越州刺史黔昌男		德行恆州刺史				
	元嗣金吾將軍			思言太府卿	玄徹滄州刺史	敬同			
瑾駕部郎中						安仁江州刺史			
							可封國子司業		軍
								冀	
								貞	
								濆字子漪泗州判官	

筠太僕卿									
抱誠成州刺史									
邵字德門禮部侍郎								郢衛尉少卿	
汝錫字元福	尹躬中書舍人	訢字弘道	誠字薦之	皐謩戶部侍郎	人文			寮師	雍來
					德孫字承休吏部侍郎	德林涇原支使	德晦同州刺史		
							圻京兆府司錄參軍		

義字慈恭隋潼州總管建平剛公					
宣道字元明隋上儀同威安獻公	宣敏字仲達隋奉車都尉				
永寧商州刺史	志寧字仲謐以宣道子繼相太宗高宗				
遂古隰州刺史	立政字匡時太僕少卿虢州刺史				
	遊藝江都令襲公	知微字辯機兗州都督東海郡公			光遠通陵二州刺史
	伯獻涼州都督	克勤密州別駕東海郡公	克搆左監門率府長史武陽縣男	克懋華州司戶參軍	

	慎言								
大猷字徽本明堂令	安貞吳興令								
	仙鼎沁州刺史	默成沛令							
		嘉祥	休徵	休烈工部尚書東海元公					
				益諫議大夫	肅給事中				
					敎字路中戶部侍郎				
					球	珪字光子	瓌字匡德	琄平盧節度使	琮字禮用相懿宗
					棁字拱臣	兢字德源			

保寧
承範平州刺史
承慶
結諫議大夫

于氏宰相三人頎志寧琮

唐書卷七十二下

唐書卷七十二下考證

宰相世系表二下張氏宰相十七人○臣酉按柬之說嘉貞仁愿文瓘行成六人本傳俱不詳其祖父不知表何所據

崔氏昌遐字貽休允字垂休○沈炳震曰舊書崔慎由傳允字昌遐則昌遐乃允之字非別爲一人也表誤

于氏隨拓拔鄰徙代改爲萬紐于氏後魏孝文時復爲于氏○沈炳震曰按拓拔鄰者魏之獻皇帝也爲始祖神元皇帝之祖神元卽位在庚子當曹魏黃初元年則其祖拓拔鄰當在東漢桓靈時何自而至中國而于氏隨之徙代乎且是時尙居漠北並未居代也表誤

唐書卷七十二下考證

珍倣宋版印

宋　翰　林　學　士　歐　陽　修　撰

表第十三上

宰相世系表

柳氏出自姬姓魯孝公子夷伯展孫無駭生禽字季爲魯士師諡曰惠食采於柳下遂姓柳氏楚滅魯仕楚秦幷天下柳氏遷於河東秦末柳下惠裔孫安始居解縣安孫隗漢齊相六世孫豐後漢光祿勳六世孫軌晉吏部尚書生景猷晉侍中二子耆純耆太守號西眷耆二子恭璩恭後魏河東郡守南徙汝潁遂仕江表曾孫緝宋州別駕宋安郡守生僧習與豫州刺史裴叔業據州歸于後魏爲揚州大中正尚書右丞方輿公五子鷟慶虬檜鷟

鷟後魏臨淮王記室				
帶韋字孝孫後周黃門侍郎康城愷公				
祚隋司勳郎中				
震鄆州刺史	範尚書右丞			
俊棣州刺史	齊物睦州刺史			
	喜			
	賁			

								慶字更輿後魏侍中左僕射平齊景公
								機字匡時隋納言建安簡公
							續儀曹郎中	述字業隆隋兵部尚書參知機務
					幹工部員外郎			
					惲	儒戶部郎中		
弁字伯存殿中侍御史	淡字中庸洪府戶曹參軍	中行	寀		奕昇州刺史	翊膳部員外郎		
道倫			翰字周臣	陟字堯卿				

						旦字匡德隋黃門侍郎新城男			
逖職方郎中				建考功郎中	諟禮部郎中	燮都官郎中		則隋左衛騎曹參軍	
胤隴州刺史			弆			子房戶部侍郎	子寶	奭字子燕相高宗	
								知人水部郎中	爽
	光庭祠部員外郎	充庭薊州都督							嘉泰字元亨右武衛將軍
叔璘瑞州刺史								無忝澤州刺史	祐 良
應規兼殿中侍御史									

				產膳部員外郎							
		綽膳部員外郎									
		楷濟房蘭郿四州刺史	融		元寂主客員外郎	少安撫州刺史					
			子敬	約房州刺史							
				繹夏令	遺愛太子司議郎	開侍御史	寬字存諒荊南永安軍判官				
			子夏徐州長史								
				從心	回						
					因						
					固						
				從裕清池令	某臨卬令	某旌德令					
					察躬德清令	鎮侍御史	宗元字子厚柳州刺史	告字用益			

虬字仲盤後周中書侍郎美陽								
鴻漸	肅字匡仁隋工部郎中							
	大隱台州刺史			亨岐州刺史太常卿壽陵侯				
		子貢		子陽				
				誠言冀州刺史				
暉寧州		員器冀州刺史	澤太子右庶子華州刺史	渙中書舍人				
					續	綜	纁華陰主簿	某朔方營田副使殿中侍御史

孝公									
	蔡年後周順州刺史							止戈後周洛州刺史	
	謇之字公正隋黃門侍郎				諤之	頹之屯田員外郎	挺之中書舍人		
	威明吏部郎中	慈明職方郎中		然明施州刺史	保隆膳部郎中				
						存業肅州刺史		澋海州長史	惇齋陽令
刺史		弼貝州刺史	慜辰州都督			栖嬀州刺史		璿伊陽丞	初延州司馬
									頤寧國丞
									元方萬年丞
			立						弘禮

傳禮

好禮

建 金部郎中

待價
言思 祠部郎中

虬裔孫彥昭太子文學
芳字仲數右司郎中集賢學士
登字成伯大理少卿
璟字德輝郴州刺史
韜字藏用

瓌邵州長史
玄字祺裕

冕字敬叔福建觀察使

檜
雄
亮 贊都官郎中
鄭卿咸安太守

晉太常卿平陽太守純六世孫懿後魏車騎大將軍汾州刺史生敏字白澤隋上大將軍武德郡公從祖弟道茂

道茂
孝斌
客尼
明偉儀川令
正己
甫

正禮邠州司戶參軍								
子華檢校金部郎中					子温丹州刺史			
公度光祿少卿	器				公綽字寬兵部尚書諡曰元			
讜字匡言	希顏	仲遵			仲郢字諭蒙天平節度使			
	珮字輝長	璨字昭之相昭宗	瑀	瑊	璞字韜玉著作郎	珪字郊玄一字鎮方衛尉少卿	璧字寶玉右諫議大夫	玭御史大夫
							懷素字知白	

					五臣水部郎中	寶積職方員外郎	
				明亮	明讜和州刺史	明逸刑部員外郎	明肅度支郎中
					元正大理評事		
		子金南鄭令	子平				
公權字誠懸太子太保	公諒南鄭令			惟則檢校員外郎			
仲憲							
瑗字虛中							

平陽太守純生卓晉永嘉中自本郡還於襄陽官至汝南太守四子輔恬傑奮號東眷

輔
平
敬起
昶
詵
果仁

崇禮房州刺史
固節

仲矩

粹
季華

括西涼太守
憑馮翊太守
叔宗字雙麟宋建威參軍
世隆字彥緒南齊尚書令貞陽忠武公
惔字文通梁左僕射曲江穆侯
昞
褒隋大將軍
僎右金吾將軍

暉梁吏部尚書
顧言隋祕書監漢南公
遜
尚真司門員外郎
思讓巴州刺史

儉兵部員外郎

映
頔
善才荊王侍讀
尚素江寧丞
慶休渤海丞
識字方明屯田郎中集賢殿學士

渾字德載相德宗

								傑	
叔珍義陽內史								雙虬	
慶遠字文和梁侍中雲杜忠惠侯			季遠梁中書侍郎宜都太守					元章	
津字元舉左民部尚書			遐字子升後周霍州刺史					景賓	景鴻
仲禮司州刺史西魏侍中			莊隋黃門侍郎						儉
玄	彧隋侍書御史		慶孫						
	紹左庶子		楚賢光祿少卿杭州刺史						
行滿給事中			温	洽			沖太子賓客平陽公	季誠揚州刺史	
	晦文州刺史	如芝衡州刺史		升長安令					
				元	輔	應			

仲仁				崇貞太原令
				季貞	贛長安令
季和	贊翼州刺史			
			貞望江州刺史	
奮				

柳氏宰相三人奭璨渾

韓氏出自姬姓晉穆侯潰少子曲沃桓叔成師生武子萬食采韓原生定伯定伯生子輿子輿生獻子厥從封遂爲韓氏十五世孫襄王倉爲秦所滅少子蟣虱生信漢封韓王生弓高侯隤當隤當生孺孺生案道侯說說生長君長君生龍頟侯增增生河南尹騫避王莽亂居赭陽九世孫河東太守術生河東太守純純生魏司徒甫鄉恭侯暨六世孫延之字顯宗後魏魯陽侯孫瓌平涼太守安定公生恆州刺史演演生褒

褒字弘業後周少保三水貞伯	紹字繼伯

仲良戶部尚書頹川公								遜	滂
			瑗字伯玉相高宗						同慶司勳郎中
某郢州刺史			純臣						
某著作郎				琪					
某萬州刺史					澄汲郡太守				
慎温主簿	豐字茂實	泰字安平祠部郎中			炅				
					儉				
					琦左監門大將軍	祐			
					滑蜀州刺史	溱左補闕			
						懐亳州刺史	協駕部郎中		

弓高侯頹當裔孫尋後漢隴西太守世居頹川生司空稜字伯師其後徙安定

武安後魏有常山太守武安成侯耆字黃耈徙居九門生茂字元與尚書令征南大將軍安定桓王二子備均均字天德定州刺史安定康公生晙雅州都督生仁泰

仁泰曹州司馬							
叡秦桂州長史							
晉卿同州司法參軍	季卿義王府胄曹參軍	子卿陝府功曹參軍	仲卿祕書郎				
			會起居舍人	介率府參軍			愈字退之吏部
				百川	老成		昶
					湘字北渚大理丞	滂寶雞丞	綰字

			雲卿禮部郎中			紳卿京兆府司錄參軍	升卿易州司法參軍
侍郎諡曰文			愈開封令			岌虢州司戶參軍	
		州仇富平令	無競河南參軍	啓餘潤州司功參軍	州來唐興令	家	
持之	袞字獻之						

河東太守純四世孫安之晉員外郎二子潛恬恬玄菟太守二子都偃偃臨江令生後魏從事郎中頹頹生播字遠游徙昌黎棘城二子勵紹紹字延宗揚州別駕二子弈胄

胄字弘胤北齊膠州刺史									
護字靈祐後周商州刺史洪雅公									
賢字思齊隋鄧州刺史襲黃臺公									
符字節信巫州刺史									
大壽吏部郎中									大智字不惑洛州司戶參軍
歸仁上黨令			傑獲嘉主簿						偲秘書郎
曜	延慶		光期						滔輔唐令
詢	諶朝邑令	鍊	鉞宋城令	鋒武功尉		華衛尉少卿		鎮藍田令	暈丹陽令
				紓		署	君祐涪州刺史	纁三水令	
				朴	延範	師魯	道紀	繇大理評事	

阜長水丞		
舉殿中侍御史	寮秋浦令	郔
		鄂
		都
		邢
		邲
	居厚	鐔殿中侍御史
		鄢
		郜
	寓	鄟
	容	捧
	審	鄰
		嚴

休字艮士相玄宗	浩高陵尉			
	洽監察御史			
	洪邢州長史	章兵部侍郎	悒太原少尹	居賁南鄭丞
				鍘磁州錄事參軍
			晟左散騎常侍	居業
			捘潤州司倉參軍	
			摳揚子尉	
			操靈寶尉	
		宰		
		平		
		牟		

		澣郊社丞	汯諫議大夫					滉字太冲相德宗			
鞏	莘		卓殿中丞					羣禮部員外郎			皐字仲聞尚書
			準洛陽令				鼎	察明州刺史	宥衞尉卿	寬右金吾兵曹參軍	充舒王府錄事
			磁咸陽令		鉥	銖		諫師			
			超	濡	起	越					

					渾太常少卿	洵京兆府錄事參軍			
					述都官郎中閬州刺史				左僕射參軍
					復洋州刺史			衮	
				鏄字台臣檢校兵部尙書	鈞左司員外郎		玫成都少尹	紹京兆文學	
玹		弼	瓌穰令	環太子司議郎			諷		
	士約大理評事	士通源州司戶參軍							

								解太子中允			
								益金部員外郎	穀流溪令		
								孚興元少尹	巘		
							武右拾遺	杭真源尉	逵	枳	繕
											紹
									梲	坤	
									檜		
								巽	杞		
									友信		
									絢		
								揆河南丞			
						洄字幼來兵部尚書	皋司封郎中	賓亳州刺史	造		

	倩殿中丞										
混率府錄事參軍	演和州刺史										
		中歸州刺史	丕興平令	弈涇陽尉	彝		常岳州刺史				
		操	蹇	最	謇	抗吳令	密	宁			
								據	郇	類	鄘字正封遂州刺史
											節

											大敏
											份著作郎
滌河南兵曹參軍									湜真源丞		
承訓洛陽令		承徽							肇宣城尉		
乂定遠令		宗簡	玄亮中牟尉	玄著	宗古蕭令	彝右諫議大夫、邠蘇州刺史	範	翥	藩	楷海陵尉	
庶	鍔										
[illegible]	嶠										

					佺虞城尉

南鄉恭侯暨子孫其後徙陽夏

望	垂	弘相憲宗	肅元	繼之
			公武字從偃右驍衛上將軍	繼宗
		充檢校司徒宣武節度使謚曰肅		

韓氏宰相四人瑗休滉弘

來氏出自子姓商之支孫食采於郲因以爲氏其後避難去邑秦末徙新野漢有光祿大夫來漢從楊僕擊南越孫仲諫議大夫生歙字君叔中郎將生稜稜生歷爲執金吾生定中郎將孫豔司空生敏字敬達蜀執慎將軍七世孫勣始

徙江都		
煎		
繪		
護兒隋左翊衛大將軍榮國公		
恆相高宗 景業虞部郎中	濟相高宗 敬業潤州刺史	
		慶遠中書舍人

來氏宰相二人恆濟

許氏出自姜姓炎帝裔孫伯夷之後周武王封其裔孫文叔於許後以爲太嶽之嗣至元公結爲楚所滅遷于容城子孫分散以國爲氏自容城徙冀州高陽北新城都鄉樂善里秦末有許猗隱居不仕曾孫眦漢侍中太常生德字伯饒安定汝南太守因居平輿四子據政邈勁據大司農生允字士崇魏中領軍鎮北將軍三子殷勳猛允孫式式二子眅邁眅字仲仁晉司徒掾四子茂詢凝雅詢字玄度四子元之仲之季之珪珪宋給事著作郎桂陽太守生勇慧齊太子

家令冗從僕射晉陵縣侯二子懋胤懋梁天門太守中庶子生亨德次子政字

義先別居邵陵

亨陳衛尉卿								弘周楚州	
善心隋黃門侍郎								法光後周岳州	
敬宗字延族相高宗								紹峽州刺	
昂化								善隋宣誠縣主	
虔令									
彥伯太子舍人		昱	昇明堂令	果恭陵令	景工部郎中判右羽林大將軍			力士洛州	
望右羽林將軍	韶伯右屯衛將軍平恩公							欽寂夔州	
遠侍御史睢陽太守								輔乾右金吾大	
峴袁州刺史								諫河	

安陸許氏出自詢五世孫君明梁楚州刺史生弘周

刺史									
刺史									
史									
縛									
長史									
刺史					欽明梁州都督安西大都尉				欽淡深州刺史光祿卿
將軍				輔德宕州刺史	誠惑鴻臚少卿			誠言太僕卿右衛大將軍	叔冀滑汴節度使
南丞	論監察御史	詵歸州刺史	諷監察御史		子房	季常萬年丞	子端岳州刺史	子餘壽州刺史	孝常亳州刺史

- 仲容鄧州刺史
  - 志倫
  - 志雍兼監察御史
- 伯裔
- 智仁右屯衛將軍許昌公
- 圉師相高宗
  - 自牧
  - 自遂
  - 自正澤州刺史

許氏宰相二人敬宗圉師

辛氏出自姒姓夏后啓封支子於莘莘辛聲相近遂爲辛氏周太史辛甲爲文王臣封於長子秦有將軍辛騰家于中山苦陘曾孫蒲漢初以豪族徙隴西狄道曾孫柔字長汎光祿大夫右扶風都尉馮翊太守四子臨衆武賢登翁武賢

破羌將軍生慶忌左將軍光祿大夫常樂公生子產豫章太守曾孫茂後漢成義將軍酒泉太守侍中三子緘述孟孫孟孫生長水校尉伯真伯真二子孟輿叔輿孟輿二子恩殷恩生子焉子焉三子寅裕胥

寅

寅四世孫顏

猷

猷孫巨明後魏侍中

顯宗馮翊太守

元忠青州刺史平陽伯

迪隋隴州刺史

德本黃州刺史平桑公

慶之字餘慶西魏秘書監

加陵後周主寢上士

道源監察御史

思禮邵州刺史

珍之後魏北海太守諡曰恭

懿北齊都官尚書

文粲鳳州刺史

豁字仲略

昂字進君後周潼州總管繁昌公

政

肇

茂將相高宗

希業駕部郎中

辛氏宰相一人茂將

	裕							
	晃裕五世孫							
	敬宗		闡					
	樹寶	靈寶						
	琛字僧貴後魏南梁太守	徽後魏徐州刺史						
	術字懷哲北齊吏部尚書	季慶青州刺史	寶剛					
	衡卿太常丞	公義隋司隸大夫	與					暠
	郁禮部侍郎	亮侍御史	澄		戛禮部侍郎			
寬			玄慶	玄同戶部員外郎	玄道比部侍郎			
諝中書舍人			怡諫壽州刺史		廣嗣禮部侍郎		長儒都官郎中	利涉度支員外郎
					恆	晉	咸	

任姓出自黃帝少子禹陽受封於任因以爲姓十二世孫奚仲爲夏車正更封於薛又十二世孫仲虺爲湯左相太戊時有臣扈武丁時有祖己皆徙國於邳祖己七世孫成侯又遷於摯亦謂之摯國漢有御史大夫廣阿侯任敖世居于沛其後徙居渭南

雅相相高宗			鵬陵州刺史	迪簡易定節度使	憲字亞司				

任氏宰相一人 雅相

盧氏出自姜姓齊文公子高高孫傒爲齊正卿謚曰敬仲食采於盧濟北盧縣是也其後因以爲氏田和篡齊盧氏散居燕秦之間秦有博士敖子孫家于涿水之上遂爲范陽涿人裔孫植字子幹漢北中郎將生毓字子家魏司空容城成侯三子欽簡班欽晉尚書僕射班字子笏晉侍中尚書廣燕穆子三子浮皓志志字子道晉中書監衞尉卿三子諶謐詵諶字子諒晉侍中中書監五子勗凝融偃徵勗居巷南號南祖偃居北號北祖偃仕慕容氏營丘太守二子邈闡

邈范陽太守生玄字子真後魏中書侍郎固安宣侯二子巡度世度世字子遷

青州刺史固安惠侯四子陽烏敏昶尚之號四房盧氏

陽烏字伯源後魏秘書監固安懿侯號大房							
道將字祖業燕郡太守固安獻侯							
懷祖太學博士	懷仁字子友後魏弘農太守						
莊後周都水使者	彥卿石門令東宮學士						
耀滄州司功參軍	大道荊州刺史						
循襄陽尉	元福秘書少監	元珪當塗令					
		湛	澹	澂豐令			
				岳上洛郡司馬	屆衞尉卿	邑榮陽尉	繼明經直太常
				仲弼			

	安石曹州司馬									
師丘金部郎中懷州刺史	師老司門郎中	愔			慎思和州刺史				璪秘書少監固安侯	
暕泗州刺史	昭		訦武安尉		諭黃州長史			竦右金吾將軍	震兗州參軍	
	脩懷州司兵參軍			仲宗揚州參軍	長宗大理評事	山甫	嶷郢州刺史	隗		昱
					周諒					

										彥章武彊令	
				大觀	行嘉青州錄事參軍		方壽			莊道刑部員外郎	
			師莊司議郎	師昉	知遠	知順大谷丞	思敬	思順		玉昆桐廬令	
曄魏州刺史			畯	宗謙	守賓		令涓沂州司馬	瞻涼王府司馬			
向			汪					元寓	迅殿中侍御史	游司勳郎中河南少尹	
彧	端	泰						震		鞏	單

		金友水部員外郎滁州刺史	伯成萬年丞						
敷寬句令	顧譙令	勸	協汾州司錄參軍	雅封丘令					
	戢開封尉			旻	暈	炅大理主簿			
						許揚州兵曹參軍			
						銳平陸尉	鉥大理評事	鋼睦州刺史	鈞字子和太子太師
								珪字子美	鄰字漳臣秘書省校書郎
									肅字子莊

			彥高萬年令						
			佺壽太常丞	仙壽雍丘令				僑壽	弘壽衞州司馬
			維惠許州司兵參軍	友浹黎陽令		友憺黎陽令	友季太原府士曹參軍	法智	友坦
				秀清河令	霸司封郎中將作少監	融長水令			
						萬隰州刺史			渾
		羣							
鍇左庶子	庚檢校比部郎中								

友裕信都主簿											
相高鄆令		構濟州刺史				播戶部郎中					
甫	峴丹陽丞	和	華	衍	啓	居易	用晦	藏密	將明	寬中	處厚
			士瞻大理少卿			資實					

									瑯沂州錄事參軍		
									某襄陽令		
		子廓	遺福	友挹					居簡金吾兵曹參軍	行簡大理主簿	可久
	抗	光臣	舉	服晉陽令							
椿	將順	嶠		長慶	論	詡		峯河內尉			
						紹	渥				

道亮字仲業								
思演								思道字子行隋武陽太守
								赤松太子率更令范陽郡公
								承慶字子餘相高宗
朗潤青等州刺史								諝吏部郎中
廣微婺州刺史	廣明	廣敬汝陽令					廣濟和州刺史	鄭滁州刺史
		含光鄴丞						
幼卿亳州刺史		玄卿字子真檢校左威衛上將軍薊國公						
		居貞左神武軍胄曹參軍	居簡	居易	居中	居道		

		坦	幼臨刑部郎中			
承恩	休期		日新商州刺史	建常州刺史		
承悌	綱城門郎	侑太原尉				
	暄	湮杭州刺史				
		幼平太子賓客	賁邵州刺史	弘宗	峻字子翰	
承基主客郎中	元莊嘉州刺史	知遠資州刺史	巽			
			孚			
		明遠太原少尹				
		徽遠潤州刺史				
承業雍揚二州長史魏縣簡子						
承泰字齊卿太子詹事廣陽郡		成務壽杭濮洛魏五州刺史				

公						
			成軌	佋御史中丞		
				侹衡州刺史		
				偘戶部郎中		
			成麟	俶趙州刺史		
	承禮湖州司馬	璥魏州長史	徽明洋州刺史			
			藏用字子潛黔州長史			
			若虛起居舍人			
			重玄司勳郎中			
	承福考功郎中	瑤	伯初太原少尹	卿	知退	準字昭儉
					知晦	導字熙化
		玢貝絳二州刺史	全操房州刺史			

							道虔字慶祖後魏幽州刺史謚曰文恭			
							昌衡隋太子左庶子			
							寶素隋澤州內部長晉州別駕			
							安壽綿州長史			
							正紀汝州司馬			
全義臨汝太守	全誠饒陽太守	全壽金吾將軍	全脊				伉聞喜令			
	惲		絳	繪	締	維	嶠永州司馬		岳字周翰陝號觀察使	
								嘉猷	載	戣

			安志萬年丞							
正義			游道	正道鄂州刺史	同休				正勤	
緬		絢太子詹事	肅誠						侹臨清令	
灡	鎮	熾	傳禮均州刺史						汶監察御史	
	鴻應								士珏	戣
	耕字子成							弘宣字子章太子少傅固安縣伯		
						更牢	含	告字子友左補闕	占	
								朋龜字子益		

						正言左監門衛將軍諡曰光			
						晄字日旦深州司馬		景明陝州司馬	
		瀐祠部郎中	溉新鄉尉	況汝陽主簿	炅大理主簿	浚西華主簿	澤兼殿中侍御史	瀸	溥
	士瓊字德卿河南府司錄參軍	士珵漢州刺史							
嗣宗	孺芳								

					執顏戶部員外郎	踐微	先之				
				清萍鄉主簿			沐	湘	潘字子濬	洋	泚
	士瑛岳州刺史	士玫太子賓客	士璵	士牟和州刺史							
嗣業	處約		傳								
	震字子威		絳字子華								

									寶胤博州刺史	
									元亮宋州司功參軍	元規
			正容潤州司戶參軍							遜
			光懿		光烈	光遠	光裕	光宗		固然
沛	浚西華尉	汶	湛	渚				澥兼殿中侍御史		
		士珙								
		罕字子讓								

			道舒字幼安後魏中書侍郎襲固安縣爵					
			熙裕					
			士綸					
	元德義清令	元貞						
逸給事中荊府長史	庭光	怡中書舍人御史中丞	同吉					
奧	廣全	膺大理評事	元亨					利貞
		裔檢校工部郎中	庭言		庭昌歙州刺史	魏客	庭芳	子真
			晶			謣遂州刺史		炅
				恆殿中侍御史				羣字戴初義成節度使

					士綽	士緝	士繹	士繪			
								嘉慶			方慶
								重明亳州刺史	見義魏郡太守	見象石州刺史	受彩
叔慈	元茂							令章屯田員外郎			
	韞價長安簿			遠價			昱檢校工部郎中	僅安陸丞			國淳
誧峽州刺史	祚假師尉	扑	校衢州參軍	顏							

		敏字仲通後魏議郎諡曰靖號第二房								
		義信字遠慶都官尚書諡曰孝簡								
		遜之太尉記室參軍								
		文構								
		君肅	處實					君胤忠州刺史		
昭彩			守直興州刺史	昇福州刺史		旻	景同官尉	幼孫常州刺史		
襲乂給事中				峻	乾	放	詵	獻鸞臺侍郎		
國佐睦州刺史	國英			給				翔	翊鄂州刺史	
								甚字去甚	昂澧州刺史	
									長	廣河南尉
										商字爲臣相宣宗
										知遠

		知微
		知宗
		僧朗
		堯字待問生協字熙積兵部員外郎
戚恆州刺史		
令	輔國敦禮	
員	暹	
翹兵部郎中廣陵長史	進賢	
	進寶	
	曄	
	晙	

						瑀給事中國子祭酒	
晅殿中侍御史						亘	復夔州刺史
逢戶部郎中							詞
聽	慤	懿					渥字子章檢校司徒
		蘊字積中	著字弘中	莊字敬中生鼎擢鼎字調臣起居舍人與起居郎蘇揩羅袞請改昭宗諡曰襄	荷字秉中		膺字公禮刑部侍郎

					慶字昌舜
				紹字子美太子少保	庥字垂禮
					麟字垂禎
				沼字明源	
				沆字德遠	
操	寰	政檢校郎中	瑗歙州刺史		
			珣		
			瑾河中少尹		
			璠		
			瓆澤州刺史	戎	蔚字剛中
			玠		
			珙		

		君亮宛句令					
	文壽				鉉祠部郎中		
	文捛	君胄	貞松	履冰右補闕	元裕		
						正己刑部尚書	翰相德宗
		君靜	萬石司農卿昌平公	昭峽州刺史			
				暄太原少尹	瑗		
					班常州刺史		
愍之後魏散騎常侍	彪	慈龍濟源令	同德樂壽令	勤國渭南令			
				勤敬桃林令	守悌		
				勤禮	抱素		
				勤嘉青州別駕	克周		
					克明高陽令	洽	

								義 惇		
							息之後魏開府參軍	景開		
						德衡	彥博雍州參軍	仲俊		
								之道太子舍人	之信洛州司功參軍	
									瑾	璟
										思殷渭州司倉參軍
										全濟封丘丞
潤	沼 芮城令	洵	澣	清	澶殿中侍御史					
	邁字子玄相德宗									

				景柔蘭陵太守南州刺史						
			叔粲	元幹		海相涇令				
						彥恭伊闕令			彥倫盩厔令	
元哲金州刺史	珙					昭度監察御史		昭禮渭州長史	昭亮任城簿	昭道比部員外郎
						詢晉州司馬		伯超		
		貞諒刑部侍郎		貽河南府法曹參軍				端		滔
				於陵	渾				仙宗兼監察御史	
				義	元中					
					嗣仁字子復		則監察御史			

				和字叔建後魏鎮西將軍謚曰元穆號第三房					
			義安	元隆					
				士熙北齊彭城太守					
		楚玉		子令					子哲靈昌伏陸二令
				君通					
			虛舟祕書少監	園公				園史考功郎中	
			褒	仁祖相州錄事參軍					茂伯度支員外郎
演		秦卿秦州刺史		不器刑部郎中			不勤瞿山丞		
	佋檢校郎中	裔		豫	益		隨祁丞	撝謙合州刺史	
		玄暉字子餘		艄				昇	
						式中	景亮字長晦中書舍人	嘉績	

						元德				
						士徹昌樂令徐州別駕				
						勝之	仁師			
挺潭州司戶參軍							世表			
懷慎相玄宗				懷莊駕部郎中			弘肅			弘澤汝州刺史
奐尚書左丞漁陽縣伯		弈御史中丞		淑魏令			寘商州刺史			備中書舍人
振國子監主簿	鈞左武衛兵曹參軍	杞字子良相德宗	橚		會昌倉部郎中		寧	宣河陰尉	宰饒陽令	
		元輔華州刺史							維太中大夫	
		順之字子謨								
		曉字子昭								

			倬	洵	
			僎汝州長史		
		弘慎兵部侍郎		庇侍御史	
		弘贍陳留令	密壽安令	辭玉	
				和玉	涉
			震兗州參軍		
			霽	臨	
	世矩梓州刺史北平元公	弘軌道王府參軍	福會軍器監	歆當陽令	仲甫中牟尉
				韶許昌尉	仲雍鄄城令
				誠太子中允	仲舉
					仲連
正師真定主簿	習信東陽令	善觀書鄉丞			

							尚之字季儒後魏濟州刺史號第四房		
							文甫字元祐司空行參軍		
							敬通太常博士		
	彭壽太常寺奉禮部					師智寓其尉	正觀龍丘令		
	尚卿				懿卿少府丞	大辯	壽童當陽令		仙童
書祚穎川司馬	敬一			敬直鄜陵主簿	敬寶汾西令		茂道玄武尉		茂實
巨原原州長史	從原字子龔刑部尚書				烜		信懷州長史		
揆義興丞	纘王屋令	諭比部員外郎	允給事中				暐監察御史		
		晉					沇郢亳二州刺史		
							鞏	覃	
								從範	
								贍生揆字敷	

羽客衛南丞							
			釗永寧令				
鼎			祥玉之翰濟州臨黃司馬尉				
惟穆							
汶	濟	安倉部郎中閬州刺史	綸字允言檢校戶部郎中				
			餚字能子拙檢校司封郎中鳳翔節度判官	餚字辭山子策南東道節度使		弘正字子彊宣武節度使	
			知猷字子耆檢校司空生文度字子澄	貽殷字光祿少卿生文煥字子林	玄禧字子裕國子博士	虔灌字子肅祕書監	裔脩字子脩

				文翼字仲佑後魏右將軍范陽公		
				士偉齊州司馬		
		正倫	正命	德基南安令		
			孝道	萬金	萬石字萬石監察御史昌平縣侯	
					文勵膳部郎中	
					伯陽	
					同峑明州刺史	
					鋋國子博士	鎮
鯖求字子臧字東節度使						徹
汝弼字子諧祠部郎中知制誥	嗣業字子通檢校禮部郎中生文紀字子持殿中侍御史					蠲字子範

鏐

錢幹永寧令
真惠玄範

崇道太常少卿
鷗

鵁

真相諸城令
子義鄄主簿
守節

伯玉沔

真行大機
仲長

大藏無忌

仁杞佐元諷
溽字子黯

近思
拯字勤之

士朗殷中郎
仁爽
審經瑕丘令
河童豐令
曲河中倉曹參軍

岳增

									擇壽開府參軍	
							審忠		買臣	輔臣館陶令
							彥	仲臻		
懿	昱	巒					鎬	銛延州刺史		
		坦字保衡劍南東川節度使				常師光祿少卿		禼		
		玠霍丘尉	大琰	大璟河南府參軍	瓚					

士嬰璹						珣同州參軍					
法德						買德虔					孝德
玄約昊		彝倫上子與泌同望 蔡令陽令江令					壽王	醫王子慎		藥王	仁弘雞澤令
	序								玄明均州刺史		元節果州參軍
蕭石州刺史	徽吉州刺史	東善考功員外郎									
		暢		申	易						
		專字子專	立								

					范陽盧氏又有盧損	損	又有盧質	質	
				文符字叔偉後魏通直散騎侍郎		求		晝	
				士邃字子淹中山太守		攜字子升相僖宗		光濟字子垂	光啓字子忠相昭宗
			瑱	正力屯田郎中		晏字望卿壽安尉直弘文館			
元休武德尉	元昉遂城尉								
		鼎臣							

盧氏宰相八人大房有囧承慶第二房有翰邁第三房有懷慎杞范陽有攜光啓

唐書卷七十三上

唐書卷七十三上考證

宰相世系表三上韓氏襄王倉爲秦所滅○臣酉按史記韓安王九年爲秦所滅安王爲襄王之曾孫相去尚六十餘年襄王何嘗爲秦滅也表誤

辛氏慶忌生子產○沈炳震曰按漢書辛慶忌長子通中子遵少子茂並無名子產者

盧氏晉侍中尚書廣燕穆子○臣酉按廣燕穆子四字疑有脫誤

唐書卷七十三上考證

西元二〇二〇年十一月一日重製一版

新唐書（附考證）冊四（宋 歐陽修 宋 祁 撰）

平裝十冊基本定價捌仟元正
（郵運匯費另加）

發行人 張 敏 君
發行處 中 華 書 局
臺北市內湖區舊宗路二段一八一巷八號五樓（5FL., No. 8, Lane 181, JIOU-TZUNG Rd., Sec 2, NEI HU, TAIPEI, 11494, TAIWAN)
客服電話：886-2-8797-8396
公司傳真：886-2-8797-8909
匯款帳戶：華南商業銀行西湖分行 179100026931
印 刷：維中科技有限公司 海瑞印刷品有限公司

No. N1054-4

國家圖書館出版品預行編目(CIP)資料

新唐書/(宋)歐陽修, 宋祁撰. -- 重製一版. -- 臺
北市 : 中華書局, 2020.11
冊 ; 公分
ISBN 978-986-5512-34-7(全套 : 平裝)

1.唐史

624.101　　109016734